위구르

정주
(북정)
이주
고창
과주
샤주
쑤저우
양주(하서)
영주(삭방)
둔성
간저우
토욕혼
서주(동우)
경주
봉상
흥원 장안
토번
(티베트)
송주
청두
(검남)
라사
계주
파주
여강부
파탈리푸트라
대화성
농동부
팔라죠
카마루파
은생부
남 조
레이저우
탐랄리프티
마요
교주
산도웨이
하리푼자야
진주
표
랑푼
환주
트완테
드와라바티
앙코르툼

상경용천부
동경용원부
발해
거란
영주(평로)
유주(범양)
동해
신라
타이위안(동)
등주
당항성
일본(나라시)
칭저우
금성
황해
송주
헤이죠코
변주
다자이후
당(唐) 618~907
사주
양저우
항저우
요주
홍주
형주
푸저우
취안저우
광저우(영남)
유구

20°

중국해

한시를 알면 중국이 보인다 2

오 PD의 한시여행
한시를 알면 중국이 보인다 2

2002년 9월 10일 1판 1쇄 발행 / 2002년 11월 10일 1판 2쇄 발행

지은이 오성수
펴낸이 임은주
펴낸곳 도서출판 청동거울 / 출판등록 1998년 5월 14일 제13-532호
주소 (137-070) 서울 서초구 서초동 1360-28 익산빌딩 203호 / 전화 02)584-9886~7
팩스 02)584-9882 / 전자우편 cheong21@freechal.com

편집장 조태림 / 편집 조은정 / 북디자인 우성남 이미선 / 영업관리 정재훈

값 9,000원

잘못된 책은 바꾸어 드립니다.
엮은이와의 협의에 의해 인지를 붙이지 않습니다.
무단 전재 및 무단 복제를 금합니다.
ⓒ 2002 오성수

Copyright ⓒ 2002 Oh, Sung Soo
All right reserved.
First published in Korea in 2002
by CHEONGDONGKEOWOOL Publishing Co.
Printed in Korea.

ISBN 89-88286-79-0
ISBN 89-88286-77-4(세트)

한시를 알면 중국이 보인다 2

오 PD의 한시여행

오성수 지음

청동거울

차례

한시를 알면 중국이 보인다 2
일러두기 ●14

제5부 초탈과 유유자적

江雪/柳宗元 ●16
눈발 흩날리는 강가에서/유종원

春曉/孟浩然 ●19
봄날 새벽에/맹호연

書事/王維 ●22
보이는 대로 읊노니/왕유

竹里館/王維 ●25
죽리관에서/왕유

鳥鳴澗/王維 ●28
산새 우는 시냇가에서/왕유

田家春望/高適 ●31
한적한 시골에서 봄을 맞으며/고적

山中問答/李白 ●34
산중에서 주고받은 이야기/이백

獨坐敬亭山/李白 ●37
경정산에 홀로 앉아/이백

夏日山中/李白 ●40
한여름 산중에서/이백

早發白帝城/李白 ●43
아침 일찍 백제성을 떠나며/이백

白鷺/李白 ●47
저 백로는/이백

題竹林寺/朱放 ●50
죽림사에서/주방

答人/太上隱者 ●53
세상 사람들에게/태상은자

尋隱者不遇/賈島 ●57
은자를 뵈러 갔다가 만나지 못하고/가도

溪興/杜筍鶴 ●60
강상의 여유로움/두순학

江村卽事/司空曙 ●63
한가로운 강마을 생활/사공서

僧院/釋靈一 ●67
한적한 절에서/석영일

秋日/耿湋 ●71
가을날/경위

送靈徹上人/劉長卿 ●74
영철 큰스님을 배웅하며/유장경

送方外上人/劉長卿 ●77
속세를 초탈한 방외 큰스님을 배웅하며/유장경

逢雪宿芙蓉山/劉長卿 ●80
눈을 만나 부용산자락에 자면서/유장경

過鄭山人所居/劉長卿 ●83
정산인의 처소를 지나며/유장경

酬李穆見寄/劉長卿 ●86
찾아온 이목에게/유장경

貧交行/杜甫 ●89
가난할 때 사귀는 참우정/두보

題崔逸人山亭/錢起 ●92
최일인의 산정에서/전기

山館/皇甫冉 ●96
산의 객사에서/황보염

楓橋夜泊/張繼 ●100
밤에 풍교에 배를 대고 자면서/장계

滁州西澗/韋應物 ● 103
저주 서쪽 계곡물에서/위응물

十五夜望月/王建 ● 106
보름달을 바라보며/왕건

江村夜泊/項斯 ● 110
강마을에서 묵으며/항사

池窓/白居易 ● 113
가을 연못에서/백거이

古秋獨夜/白居易 ● 116
늦가을밤 나 홀로/백거이

夜雨/白居易 ● 120
밤비 내리는데/백거이

落花古調賦/白居易 ● 123
떨어지는 꽃을 생각하며/백거이

古墳/白居易 ● 126
옛 무덤을 바라보며/백거이

秋詞/劉禹錫 ● 130
가을의 노래/유우석

淸明/杜牧 ● 134
청명 호시절에/두목

春日晏起/韋莊 ● 137
봄날에 늦게 일어나/위장

夏意/蘇舜欽 ● 140
여름날에/소순흠

溪居/裵度 ● 143
시냇가에 살며/배도

牧童/呂巖 ● 148
저 목동은/여암

游鍾山/王安石 ● 151
종산에서 노닐며/왕안석

寒江獨釣圖/唐肅 ●154
추운 강에서 시를 낚아 오는 선비/당숙

夜泊/周密 ●157
하룻밤 묵으러 가는 길에/주밀

山中示諸生/王守仁 ●160
산에서 제자들에게 이르노니/왕수인

冬夜/黃景仁 ●164
겨울밤에/황경인

山寺夜吟/鄭澈 ●168
산사 저녁에/정철

不亦快哉行/丁若鏞 ●171
또한 통쾌하지 아니한가/정약용

難飮野店/金炳淵 ●174
밤 주막에서 겨우 술을 마시다/김병연(김삿갓)

靑山倒水來/金炳淵 ●177
청산이 물 속에 거꾸로 박혔나니/김병연(김삿갓)

居山詩/冲止 ●180
거산시/충지

제6부 전경산수시, 꿈엔들 잊힐리야……

鹿柴/王維 ●184
녹채에서/왕유

望廬山瀑布/李白 ●187
여산폭포를 바라보며/이백

望天門山/李白 ●193
천문산을 바라보며/이백

江村/杜甫 ●196
강마을을 바라보니/두보

차례 7

雨過山村/王建 ● 199
비 개인 뒤의 산촌 풍경/왕건

春行寄興/李華 ● 202
봄나들이/이화

桃花谿/張旭 ● 205
도화계/장욱

遺愛寺/白居易 ● 208
그 절에 가면/백거이

暮江吟/白居易 ● 211
저녁 강가에서/백거이

登鸛雀樓/王之渙 ● 215
관작루에 올라/왕지환

山行/杜牧 ● 218
가을 산자락에서/두목

終南望餘雪/祖詠 ● 221
종남산의 잔설을 바라보며/조영

還自廣陵/秦觀 ● 224
광릉에서 돌아오는 길에/진관

夜泉/袁中道 ● 227
밤 계곡에 흘러내리는 물/원중도

四時/顧愷之 ● 230
일 년 풍광/고개지

金剛山/宋時烈 ● 233
금강산/송시열

白鷗/金炳淵 ● 237
갈매기/김병연(김삿갓)

金剛山(其一)/金炳淵 ● 240
금강산 1/김병연(김삿갓)

金剛山(其二)/金炳淵 ● 243
금강산 2/김병연(김삿갓)

九月山/金炳淵 ● 248
구월산/김병연(김삿갓)

제7부 고향이 그리워도……

行軍九日思長安故園/岑參 ● 252
전쟁터 군영에서 중양절에 고향 장안을 그리며/잠삼

見渭水思秦川/岑參 ● 255
위수를 보며 고향 진천을 생각함/잠삼

復愁/杜甫 ● 258
다시 고향을 걱정하며/두보

絶句/杜甫 ● 262
고향을 그리며/두보

聞雁/韋應物 ● 266
기러기 소리 들으며/위응물

蜀中九日/王勃 ● 269
촉땅에서 중양절을 맞으며/왕발

山中/王勃 ● 272
산중에서/왕발

靜夜思/李白 ● 275
고요한 밤에 고향을 그리며/이백

客中行/李白 ● 278
나그네길의 노래/이백

春夜洛城聞笛/李白 ● 281
봄날 밤 낙양성에서 피리 소리를 들으며/이백

秋思/張籍 ● 284
가을, 고향 생각에/장적

九月九日憶山東兄弟/王維 ● 288
중양절에 산동에 있는 형제를 생각하며/왕유

雜詩/王維 ●291
고향집 매화나무는/왕유

逢入京使/岑參 ●294
장안으로 돌아가는 사신을 만나서/잠삼

西亭春望/賈至 ●298
서정에서 봄경치를 완상하며/가지

胡渭州/張祜 ●302
오랑캐땅 위주에서/장호

渡桑乾/賈島 ●305
상건하를 건너며/가도

夜上受降城聞笛/李益 ●308
밤에 수항성에 올라 피리 소리를 들으며/이익

懷故國/修睦 ●311
고향을 그리며/수목

渡漢江/宋之問 ●313
한강을 건너며/송지문

南樓望/盧僎 ●318
남쪽 누대에 올라/노선

登樓/羊士諤 ●321
누에 올라/양사악

寄王琳/庾信 ●324
왕림에게 부쳐/유신

人日思歸/薛道衡 ●328
정월 초이렛날에 귀향을 그리며/설도형

京師得家書/袁凱 ●331
고향에서 온 편지/원개

秋夜雨中吟/崔致遠 ●334
비 내리는 가을 밤에/최치원

寄家書/李安訥 ●337
고향에 부치는 편지/이안눌

甲山/許篈 ● 340
갑산에서 어머니를 그리며/허봉

1권 차례

제1부 만남 뒤에는 언제나 헤어짐이……

黃鶴樓送孟浩然之廣陵/李白
황학루에서 광릉으로 가시는 맹호연 선생을 전송하며/이백

送朱大入秦/孟浩然
장안으로 들어가는 주대를 보내며/맹호연

送杜十四之江南/孟浩然
강남으로 두황을 떠나 보내며/맹호연

秋夜寄丘二十二員外/韋應物
가을밤에 구원외랑에게/위응물

聽江笛送陸侍御/韋應物
강가의 피리 소리 들으며 육시어를 보내노니/위응물

別盧秦卿/司空曙
노진경과 헤어지며/사공서

嶺上逢久別者又別/權德輿
오랜만에 만난 사람과 고갯마루에서 다시 작별하며/권덕여

芙蓉樓送辛漸/王昌齡
부용루에서 신점을 보내며/왕창령

送郭司倉/王昌齡
곽사창을 보내며/왕창령

淮水與友人別/鄭谷
회수에서 벗과 헤어지며/정곡

送別/王維
그대를 보내며/왕유

臨高臺/王維
높은 누대에 올라/왕유

送沈子福之江南/王維
심자복을 강남으로 떠나 보내며/왕유

留別崔興宗/王維
최흥종을 남겨 두고 떠나며/왕유

欹湖/王維
호수에서/왕유

送元二使之安西/王維
원이를 안서로 떠나 보내며/왕유

送李侍朗赴常州/賈至
상주로 떠나는 이시랑을 보내며/가지

別董大/高適
동대와 헤어지며/고적

九日送別/王之渙
중양절에 헤어지며/왕지환

送別/王之渙
헤어짐/왕지환

重送裴郞中貶吉州/劉長卿
또다시 길주로 좌천되어 가는 배낭중을 보내며/유장경

重別夢得/柳宗元
유몽득과 다시 헤어지며/유종원

過分水嶺/溫庭筠
분수령을 지나며/온정균

江亭夜月送別/王勃
달밤에 강정에서 벗을 보내며/왕발

自君之出矣/張九齡
당신이 떠나신 뒤로는/장구령

送崔九/裴迪
최구를 보내며/배적

送人/王建
벗을 보내고/왕건

謝亭送別/許渾
사정에서 그대를 보내고/허혼
惜別/杜牧
그대와 헤어지며/두목
東陽酒家贈別/韋莊
동양 술집에서 헤어지며/위장
南行別弟/韋承慶
남쪽으로 가면서 아우와 헤어지며/위승경
寄韋秀才/李群玉
위수재에게/이군옥
送麴司直/郎士元
국사직을 보내며/낭사원
相送/何遜
서로를 보내며/하손
別詩/張融
이별시/장융
送人/鄭知常
님을 보내며/정지상
浿江曲/林悌
대동강의 이별 노래/임제

제2부 술과 풍류

花下醉/李商隱
꽃밭에서 취해서/이상은
題袁氏別業/賀知章
원씨네 별장에서/하지장
勸酒/于武陵
술을 권하노니/우무릉
醉醒/黃景仁
술에서 깨어나/황경인
書堂飲旣, 夜復邀李尙書下馬, 月下賦/杜甫
서당에서 술을 마시고, 밤에 다시 이상서를 맞아 말에서 내리게 해서 달밤에 시를 짓노라/두보
宴城東莊/崔敏童
장안성 동쪽 별장에서 잔치하며/최민동
奉和同前/崔惠童

앞 시에 답해서/최혜동
自遣/李白
내 마음은/이백
山中與幽人對酌/李白
산중에서 처사와 술을 마시며/이백
哭宣城善釀紀叟/李白
술할아버지 기수를 애도하며/이백
送春詞/王維
봄을 보내며/왕유
少年行/王維
호기로운 젊은이들이여/왕유
酬柳郎中春日歸楊州南郭見別之作/韋應物
유낭중의 「봄에 양주로 돌아가려고 남곽에서 작별하다」는 시에 답함/위응물
問劉十九/白居易
유십구에게 묻노니/백거이
逢舊/白居易
옛 벗을 만나/백거이
對酒一/白居易
술을 마시며 1/백거이
對酒二/白居易
술을 마시며 2/백거이
飲酒看牡丹/劉禹錫
술을 마시며 모란꽃을 바라보니/유우석
西村/郭祥正
어느 외진 마을/곽상정
自遣/羅隱
내 마음은/나은
雪/金炳淵
눈 오는 밤에/김병연(김삿갓)

제3부 사랑, 언제나 그리운……

采蓮曲/崔國輔
연을 캐며 부르는 노래/최국보
玉階怨/李白

섬돌에 맺힌 시름/이백
陌上贈美人/李白
거리에서 미인에게/이백
三五七言/李白
삼오칠언시/이백
春望詞/薛濤
동심초/설도
春怨/金昌緖
봄날의 시름/김창서
子夜四時歌 春歌/郭震
자야의 노래 중 봄 노래/곽진
春夢/岑參
봄꿈/잠삼
玉臺體/權德輿
님 그리며/권덕여
望夫石/王建
그리운 님/왕건
寄西峰僧/張籍
서봉에 계신 스님에게/장적
宮詞/張祜
궁녀의 노래/장호
待山月/皎然
그 달은 어디에/교연
夜雨寄北/李商隱
비 오는 밤에 아내에게/이상은
怨詩/孟郊
내 설움을/맹교
別湖上亭/戎昱
호숫가 정자에서 사랑하는 여인을 떠나며/융욱
題都城南莊/崔護
도성 남쪽 별장에서/최호
江樓書懷/趙嘏
강루에서 지난 날을 그리며/조하
閨情/李端
님 그리워/이단
偶成/李淸照

문득 떠올라서/이청조
旅燈/申欽
멀리 객지에서/신흠
無題/崔慶昌
님 그리워/최경창
路上所見/姜世晃
길을 가다가/강세황
答詩/郭暉遠
무정한 편지에 답하여/곽휘원
艷陽詞/成侃
우리 사랑은/성간

제4부 가는 세월, 잡을 수만 있다면

照鏡見白髮/張九齡
거울에 비친 백발을 보고/장구령
秋浦歌/李白
추포의 노래/이백
秋風引/劉禹錫
가을 바람의 노래/유우석
除夜作/高適
섣달 그믐날 밤에/고적
寄楊侍御/包何
양시어에게/포하
秋思/許渾
이 가을에/허혼
雜詩/陳祐
잡시/진우
秋懷詩/韓愈
이 가을에/한유
秋朝覽鏡/薛稷
가을 아침에 거울을 보고/설직
勸學詩/朱熹
가는 세월/주희

【 일러두기 】

1. 이 책에 실린 대부분의 시인은 당(唐)나라 시인들이고, 일부분이 당(唐) 전후(前後)에 세워졌던 나라의 시인들이다. 해서 당나라 시인들은 별도로 표시를 하지 않고 다른 시대 시인들만 이름 뒤에 나라 표시를 했다. 원래 중국 문학을 개괄해서 한문(漢文)·당시(唐詩)·송사(宋詞)·원곡(元曲)·명청소설(明淸小說)이라고 하지 않던가. 한시(漢詩)는 역시 당대가 양적으로나 질적으로나 최고 수준이다. 해서『전당시(全唐詩)』에 실린 시인의 수효가 2,200여 명이요, 실린 시편(詩篇)이 48,000여 편에 이르는 것도 무리가 아니다.
2. 되도록이면 고사(故事)·전거(典據)가 없는 한시를 실었다. 중국 역사를 별로 알지 못하는 사람들이 번잡한 주석(註釋)이나 고구(考究)를 요하게 되면 한시를 어렵거나 지겨운 대상으로 여길 소지가 많기 때문이었다. 하지만 또 당연하게도 어쩔 수 없이 어려운 한시도 몇 편 싣게 되었다.
3. 지명(地名)이나 인명(人名)은 모두 우리식 발음으로 표기했다. 중국어를 모르는 사람들한테는 중국어 발음식 표기가 너무나 생소하기 때문이다. 요즘 각종 매스컴에서 중국식 발음대로 방송하고, 보도하고, 쓰고 있는데 대다수 일반인들은 적잖이 당혹해 하고, 혼란스러워하고, 어려워하고 있다. 그래 봐야 우리가 아는 것은 '마오쩌뚱'과 '등샤오피엥' 정도다. 이런 발음도 맞는지 모르겠지만……. 모름지기 모르는 것을 알려 주는 것도 중요하지만, 선도(先導)·안내(案內)·교양(敎養)·세계화(世界化)라는 미명(美名)하에 대다수 국민들을 불편하게 하거나 어리둥절하게 만들어서는 안 된다. 우선은 우리식(式)대로 하고, 그 다음에 병행을 하고, 그런 연후에 국제 관례대로 하면 될 것이다.
4. 주(註)의 맨 뒤에 적힌 한자들은 그 낱말과 관련이 있는 단어들을 적어 본 것이다. 쉽게 이해가 가지 않은 독자들은 수고스럽더라도 사전을 찾아보기 바란다. 한시에 대한 주(註)는 상세하고 친절하게 적었지만, 나머지는 연습문제 푸는 셈치고, 좀더 공부한다치고 노력을 기울이기 바란다. 노력을 하면 당연히 오는 것이 있다는 것은 만고의 진리가 아닌가.
5. 이 책에 나오는 간단한 문자 표기법을 소개한다. 노래는 클래식이건 팝이건 우리 가요건 〈 〉로, 책·시·그림·영화·프로그램은『 』로, 수필은「 」로 표시하였다.

제5부

초탈과 유유자적

도인이 아니더라도 누구나 한번쯤은 세속을 벗어나고 싶어하고, 여유롭게 살고 싶어한다. 그러나 우리네 삶이 그렇게 호락호락하지만은 않아서 늘 일상에 쪼들려 살기 마련이다. 가정에서, 학교에서, 직장에서, 식당에서, 공개석상에서 다들 사소한 것들로 신경 쓰고, 다투고, 시기하고, 질투하고들 한다. 그래서 기어코 남의 마음을 후벼파야만 직성들이 풀리는 모양이다. 하지만 그것도 잠시, 나이가 조금 더 들고 자리에서 한 발 물러나게 되면 다들 후회를 한다. 아, 그때 그 장소, 그 자리에 있을 때 조금만 마음을 비웠더라면, 좀더 다른 사람들한테 배려를 했더라면 하고. 그러나 시간과 인생은 절대 우리를 기다려 주지 않는다. 자신을 위해서라도, 그리고 나이 들어서 외롭지 않으려면, 나아가 인생을 조금만 풍요롭게 살려면 잠시라도 치열한 현장에서 벗어나 볼 일이다. 흔한 말로 인생은 공수레 공수거(空手來 空手去)가 아닌가.

> 江雪
> 柳宗元
>
> 千山鳥飛絶
> 萬徑人踪滅
> 孤舟蓑笠翁
> 獨釣寒江雪
>
> **눈발 흩날리는 강가에서**
> 유종원
>
> 수많은 산들마다 새들은 날기를 그치고
> 숱한 길에는 사람의 발자취 끊겼는데
> 외로운 배를 타고 도롱이와 삿갓 쓴 노인이
> 눈발이 흩날리는 추운 강에서 홀로 낚싯대를 드리우네

　　　　이 시(詩)를 읽노라면 왠지 마음이 스산해진다. 지독히도 불우했던 유종원의 생애가 떠오르기도 하고, 또 그의 생애를 모르면 모르는 대로 한 폭의 동양화가 떠오르기도 한다. 잘은 모르지만 얼핏 추사 김정희의 세한도가 연상되기도 한다.

　추운 겨울 아무도 없는 허허벌판에서 눈보라를 맞으며 혼자 긴 나그네길을 걸어가고 있는 외로운 한 사내의 심정이 바로 이 시

(詩)의 주인공의 심정이 아닐까 싶다. 다른 것이 있다면 혼자 낚시를 즐기는(?) 노인네야 근방 어디엔가 거처가 있고, 또 마음만 먹으면 인근에서 아는 사람을 찾을 수도 있을 것 같은 약간의 여유가 아닐까……. 그래서 이 시에서 지독한 외로움과 처절함이 엿보이기도 하지만 그런 와중에서도 한 가닥 여유가 보이는 것이 다 그런 연유가 아닐까 싶다. 거기다 도롱이와 삿갓을 쓰고 아무도 오가지 않는, 새 한 마리 날지 않는 곳에서 사정이야 어떻든 혼자 낚시를 즐기고 있는 노인에게서는 삶을 초탈한 그 어떤 경지가 엿보이기도 한다. 가난했던 어린 시절 온갖 고생을 다하고, 젊어서 과거에 급제해서 겨우 살아 볼까 했는데 모함과 견제와 파당에 밀려 제대로 한 번 펴보지도 못하고, 벽지에서 인생을 마감해야 했던 작자 자신의 분신일 수도 있지만 이 노인한테서는 오히려 그런 한 많은 생을 초월한 의연함이 엿보인다. 눈발이 흩날리는 추운 강가에서 고기 대신 관조와 여유와 탈속을 잡으려는, 그렇다고 굳이 거기에 목 매는 것도 아닌 노인에게서 우리는 종교나 세속적인 위안이 아닌, 자신의 마음에서 저절로 우러나오는 진정한 믿음과 초월을 발견하게 된다.

지독한 외로움과 처연함을 극복할 수 있는 것은 결국 자신의 마음이라는 간단한 화두를 연약한 우리는 늘 잊고 산다. 연약한 사람들은, 휩쓸리기 쉬운 사람들은, 유혹당하기 쉬운 사람들은 가끔씩 한 번 이 시(詩)를 읽어 보고, 한 편의 절절한 동양화를 떠올려 보면서 삶에 새로운 기운을 불어넣기를 바란다.

【註】
1) 千山(천산): 수많은 산. 산마다.
2) 萬徑(만경): 수많은 길. 捷徑.
3) 人踪(인종): 사람의 발자취, 흔적. '踪' 은 '蹤' 과 같다.
4) 蓑笠翁(사립옹): 도롱이와 삿갓을 쓴 노인. '蓑' 는 '簑' 와 같다.
5) 獨釣(독조): 혼자 낚시하다. 釣叟(조수: 낚시하는 노인).
6) 寒江雪(한강설): 눈발이 흩날리는 추운 강.

> 春曉
> 孟浩然
>
> 春眠不覺曉
> 處處聞啼鳥
> 夜來風雨聲
> 花落知多少
>
> **봄날 새벽에**
> 맹호연
>
> 봄잠에 빠져 새벽이 온지 몰랐더니
> 여기저기서 새들이 우는구나
> 지난 밤 내내 비바람 소리 들리더니
> 꽃은 또 얼마나 졌는지

　　　　근자에 들어 봄만 되면 진해, 전군로(全群路: 전주, 군산간의 그 유명한 벚꽃길), 쌍계사 주변 일대는 물론이고 전국 각지 벚꽃이 피는 지역들은 구경 오는 사람들 등쌀에 몸살들을 앓는다. 여의도도 예외는 아니다. 비근한 예로 여의도의 경우를 한번 들어 보자.

　4월 하순만 되면 여의도는 전국 각지에서 벚꽃 구경하러 오는 사람들로 인산인해를 이루어 완전히 아수라장이다. 덩달아 여의도에 거주하거나 근무하는 사람들은 벌레 씹은 몰골들이다. 낮에도 구경 온 사람들 덕분에 점심 먹으러 나가기가 겁나고, 저녁만 되면 사정은 더욱 악화일로다. 퇴근길에 여의도를 빠져 나가는 데만 한두 시간은 족히 걸리고 밤이면 곳곳에서 벌어지는 술판에, 음식판에, 젊거나 나이 들었거나 쌍쌍들의 해괴한 작태들에 울화가 치밀 때가 한두 번이 아니다. 해서 어떤 사람들은 홧김에 아예 여의도에 있는 벚꽃나무들을 다 베어 버리자고 짜증을 내기도 한다.

문제는 벚꽃이 일본 사람들이 좋아한다거나, 일본의 국화라든가, 우리 나라에서 건너간 꽃이라든가 하는 따위가 아니다. 장미는 어디 우리 꽃이라서 연인들이 주고받기 좋아하고, 한 송이만 선물을 해도 여자들이 좋아하고 그러는가 말이다. 무슨 꽃이든 무슨 나무든 이쁘고, 사랑스럽고, 사람들한테 감상의 즐거움을 안겨다 주면 좋을 텐데 유독 벚꽃만 온갖 소란스러움과 번잡함의 한가운데에 있다는 사실이다.

중요한 것은 꽃들을 즐기는 우리네 마음이다. 남들이 하면 양잿물도 마셔야 직성이 풀리고, 요단강도 따라가야 속시원해 하는 우리 나라 사람들의 '남들이 한다니까 나도 한번' 식의 대중 없는 모방 심리다. 어디 남 따라 하기가 한두 가지인가. 놀러 가는 것도 그렇고, 애들 과외 시키는 것도 그렇고, 집도 그렇고, 의상도 그렇다.

자기네 사는 형편이나 분수는 전혀 생각지도 않고 무조건 남 하는 대로 따라 하면 다 되는 줄 아는 게 문제다. 그러니 여름 피서철이면 좁은 땅덩어리에서 다들 움직이느라 난리들이다. 그러니 나도 고생, 남도 고생인 것은 불문가지다.

좀 안 가면 어떻고, 남들보다 조금 늦게 가면 어떤가. 누구나 다들 이런 마음들을 가지면 우리네 벚꽃놀이, 야유회, 휴가, 피서가 한결 여유로워질 텐데 언제나 마음의 여유가 생길지 아득하기만 할 뿐이다.

얘기가 한참 옆으로 샜는데 우리 나라 꽃들은 비바람 때문이 아니라 사람들 등쌀에 다 지고, 그래서 꽃이 지는 줄을 모르게 되는 것만 같다. 안타까운 일이다. 꽃들에게 미안할 뿐이다.

【註】
1) 春眠(춘면): 春困症이란 말이 있듯이 따뜻한 봄날 누구나 곤하게 잠이 들어 밤사이 밖에 무슨 일이 일어났는지 잘 모른다.
2) 處處(처처): 여기저기.
3) 夜來(야래): 어젯밤부터, 밤사이 내내. '來' 는 시간의 연속을 의미한다.
4) 知多少(지다소): 다소는 '幾何', '얼마나' 와 같음. '얼마나 되는지 아는가?' 라는 의문의 형식이지만 실은 '꽤 많을 것임을 미루어 알 수 있다' 는 뜻의 반의문이다.

> **書事**
> 王維
>
> 輕陰閣小雨
> 深院晝慵開
> 坐看蒼苔色
> 欲上人衣來
>
> **보이는 대로 읊노니**
> 왕유
>
> 약간 흐린 가운데 비가 멎었다
> 깊숙이 자리한 별장은 게을러서 낮에야 문을 열었다
> 가만히 앉아서 바라보니 푸른 이끼 빛이
> 사람 옷으로 기어오르는 듯하다

선인(先人)들이 부러울 때는 바로 이런 경우다. 자연과 합일이 되어 인간이 그 구성원으로 존재할 때, 그래서 자연과 함께 호흡하고 어우러질 때 거기에서는 아무런 갈등이나 어긋남이 존재하지 않는다. 그러길래 푸른 이끼도 사람의 옷으로 기어오르는 것이 아닌가. 어디 이끼뿐이랴. 사람의 몸을 감싸고 어루만지는 것은 숲속에 있는 삼라만상이 다 그러하다. 맑은 공기와 햇빛과 시냇물과 온갖 새들과 곤충들과 작은 들짐승들이 다 인간의 곁으로 다가올 것이다.

'서사(書事)'. 제목부터가 얼마나 멋드러진가. 이제는 '서(書)'할 제대로 된 '사(事)'도 별로 없는 세상이 되었다. 눈앞에 보이는 대자연이 있어야 그 대상을 그리든 쓰든 할 것이다. '사(事)'가 없으면 거기에 공생하고 있던 온갖 만물들도 살 의욕을 잃고, 또 그러다 보니 '서(書)'할 인간들도 심드렁해지는 법이다. '사(事)'와 '서(書)'가 한데 어우러져야 자연합일(自然合一)이니 공존(共存)이니가 되는 법이다. 한번 이 틀이 깨지면 다시 복구하기가 여간해서는 쉽지가 않다. 인간 관계에 있어서도 믿음이, 신뢰 관계가 틀어지면 불신과 갈등이 생겨서 사이가 원만하지 않은 법인데 하물며 자연과 인간 관계에 있어서야 더 무엇을 말하랴.

이 '사(事)'와 '서(書)'의 어긋남은 전적으로 인간의 몫이다. '사(事)'는 늘 거기 그대로 있었는데 그만 이놈의 '서(書)'가 어깃장을 놓은 것이다. 고정된 것은 잘못을 저지를 확률이 적다. 가변적이고 유동적인 것이 까탈을 부릴 확률이 높고, 기존의 질서를 무너뜨릴 가능성이 많은 법이다.

비근한 예를 하나 들어 보자. 또래의 어린애들 중에서 얌전한 애와 잠시도 가만히 있지를 못하는 아이들이 유리그릇 전시장엘 갔다고 치자. 잠시 후 어떤 일이 벌어질지는 눈감고도 훤히 알 일이다.

또 한 가지 더. 평소에 말이 많은 사람과 말수가 적은 사람이 있다고 치자. 그들 중 약속을 어길 확률이 누가 더 많은가.

'사(事)'와 '서(書)'는 사이가 좋아야, 공존해야 잘 살 수 있다. 둘 중에 하나가 삐끗하면 서로 손해를 보게 된다. 그런데 전적으로 한쪽이 잘못을 했는데 다른 한쪽이 마른 하늘에 날벼락 맞는 격으로 뒤통수를 얻어맞게 되면 가만히 있지 않는 법이다. 더구나 '사(事)'는 연거푸 당하기만 해서 결국은 만신창이가 다 될 지경에 이르렀다. 그래서 처음에는 가만히 있던 '사(事)'가 드디어 화를 내고 성질을 부리고 '서(書)'에게 앙갚음을 하기 시작했다. 그렇게 서서히 당하는 반격에 이번에는 '서(書)'가 만신창이가 다 되어 가고 있는 것이다.

【註】
1) 書事(서사): '事'를 '書'하다. 눈앞에 보이는 것을 쓰다, 그리다.
2) 輕陰(경음): 약간 흐리다, 구름이 조금 끼다. 짙은 구름에는 비가 오지만 얕은 구름에는 비가 오지 않는다. 하기야 어느 구름에 비가 들었는지 아무도 모르는 게 사실 아닌가.
3) 閣(각): 멎다, 개다. '擱'과 같다.
4) 慵(용): 게으르다.
5) 蒼苔(창태): 푸른 이끼.
6) 欲(욕): ~하고 싶어하다, ~하는 듯하다.

> 竹里館
> 王維
>
> 獨坐幽篁裏
> 彈琴復長嘯
> 深林人不知
> 明月來相照
>
> 죽리관에서
> 왕유
>
> 홀로 그윽하고 깊은 대숲에 앉아
> 거문고 타고 다시 휘파람을 길게 부네
> 깊은 숲을 사람들은 알지 못하는데
> 밝은 달이 와서 비춰 주네

대나무 숲으로 가면 누구나 마음이 시원해진다. 대숲에는 늘 바람이 시원하게 분다. 그래서 눈이라도 감고 있으면 대숲에 비가 내리는 것만 같다. 대숲이 바람을 부르는 모양이다. 대숲과 바람은 서로 점잖은 선비 같다. 주인이 점잖게 부르니 손님도 점잖게 왔다가 두런두런 얘기만 나누다 간다. 그래서 대숲에 다녀온 사람들은 번잡스럽지 않아서 좋다.

대숲은 그곳에 있는 사람으로 하여금 용서하고 반성하고 부끄러

위하게 만든다. 큰 잘못도 없는데 원수같이 지내던 사람을 이해하게 되고, 못사는 친구의 전화를 피한 자신을 반성하게 만들고, 사소한 일에도 주위 사람들을 피곤하게 만든 자신이 부끄럽게 여겨지고, 너무 세속적인 일에만 매달려 어려운 사람들을 잊고 살아온 날들이 죄스럽고, 마음을 살찌우기보다는 육체적인 배부름에만 신경 써 온 일들이 다 부질없다는 것을 일깨워 준다.

대숲에 가면 여유를 배운다. 대숲에 가면 아무것도 안 하고 가만히 앉아만 있어도 마음이 풍성해진다. 그래서 아무것도 먹지 않아도 한나절은 너끈히 지내다 올 수 있다. 먹는 것에 집착하지 않아도 한결 푸근해진다. 해서 평소에 쌓인 것이 많은 사람과 대숲에 다녀오라고 권하고 싶다. 대숲에 가서 한 시간만 마주 앉아 있다 와도 그 두꺼운 오해의 벽이 허물어지고, 얼음장같이 차디찬 마음도 봄눈 녹듯 사르르 녹아 내린다.

대숲에 가면 자연친화적(自然親和的)이 된다. 그곳에 가면 담배를 꺼내 피울 수가 없다. 짧거나 길거나 앉아 있다가 와도 세속의 흔적을 남기고 오지 못한다. 대숲에 불어오는 바람 소리가 귀에 익으면 곧이어 다른 소리들이 들리기 시작한다. 가까이 흐르는 시냇물 소리, 이름 모를 산새 지저귀는 소리, 풀벌레가 기어다니는 소리, 나무가 슬금슬금 자라는 소리, 꽃이 아무도 모르게 피었다 지는 소리, 어두운 숲속을 햇빛이 뚫고 들어와 온갖 미생물을 토닥여 주는 소리, 풀잎들이 서로 부르거나 사랑을 속삭이는 소리까지 다 들린다. 말하자면 자연의 모든 소리가 다 들려온다. 자연이 살아가는 소리가 들린다. 자연이 한데 어우러지는 조화의 합창 소리를 듣는다. 자연은 그렇게 살갑게 푸근하게 다가온다.

대숲에 가고 싶은 사람은 물어물어 찾아가면 된다. 여기에 소개하면 단박에 다 몰려가서 호젓한 대숲을 어지럽힐까 염려가 돼서다. 우리 나라의 가볼 만한 산과 계곡과 맛집은 다 엉망이 되었다. 매스컴에 소개만 되면 몰려가기 때문이다. 대숲을 찾아가자.

【註】
1) 竹里館(죽리관): 輞川 20景 중의 한 곳.
2) 幽篁(유황): 그윽한 대숲, 고요한 대숲. '篁'은 대밭.
3) 彈琴(탄금): 거문고를 타다.
4) 長嘯(장소): 휘파람을 길게 붊, 詩歌를 길게 읊조림. '嘯'는 휘파람 불다.
5) 人不知(인부지): 사람들이 알지 못하다. 人不知而不慍 不亦君子呼.
6) 相照(상조): 서로 비춰 주다. 달이야 사람을 비춰 줄 수 있지만 사람이야 어찌……. 하지만 바로 여기에 자연 합일의 정신이 있다. 달도 온전히 알아주는 사람이 쳐다 봐야 그 빛을 발할 수 있는 법.

鳥鳴澗
王維

人閒桂花落
夜靜春山空
月出驚山鳥
時鳴春澗中

산새 우는 시냇가에서
왕유

사람이 한가하니 계수나무 꽃도 떨어지고
밤이 고요하니 봄산도 텅 비었는데
떠오르는 달에 놀란 산새는
때때로 봄 시냇가에서 운다

이 시를 보면 절로 웃음이 난다. 처음 두 구에서는 한없이 마음이 여유로워지다가 세 번째 구를 보면 나도 모르게 미소가 지어진다. '월출경산조(月出驚山鳥)', '달이 뜨니 산새가 놀란다'. 한 폭의 풍경화와 만화가 클로즈업되어 다가온다. 생각해 보라, 계수나무 꽃이 떨어지고 밤이 조용해서 봄산도 텅 비었는데 갑자기 달이 떠오르니 꾸벅꾸벅 졸고 있던 산새가 놀라서 울 수밖에. 사람도 마찬가지다. 누워 책을 보다가 졸려서 불을 끄고 막

잠들려 하는데 누군가 방 안에 들어와 느닷없이 불을 켜면 화들짝 놀라서 벌떡 일어날 것이다.

이 시는 그만큼 봄산의 한가로움을 노래한 시다. 이 시를 읽노라면 하이든의 〈놀람〉 교향곡, 차이코프스키의 〈5번〉 교향곡 등이 떠오른다. 조용히 음악을 감상하다가 다소 지루한 듯해서 비몽사몽 중에 눈을 감고 있는데 갑자기 세찬 타악기 소리가 들리면 깜짝 놀라 정신을 집중하게 된다.

이 시를 보면 부러운 생각이 든다. 옛날 사람들은 역시 풍류를 알았구나, 저녁이면 다들 일상으로 돌아갔구나, 적어도 시끄럽게 살지는 않았구나 하는 생각이 든다. 지금 같았으면 봄산 아니라 가을 산까지도 우리네 산은 붐비는 사람들로 해서 몸살을 앓는데 말이다. 오죽하면 휴식년제가 생기고 입산 금지가 다 생길까.

정말이지 우리는 너무 난리법석 가운데 살고 있다는 생각이 든다. 워낙 땅덩어리가 좁기도 하겠지만 좀 덜 알려진 유원지, 산, 낚시터, 섬, 강이라도 가서 머리를 식히려고 하면 여지없이 사람들이 몰려들어 술 마시고, 고기 굽고, 노래 부르는 통에 미칠 지경이다. 언제쯤이면 우리는 시끌벅적, 아우성, 소란, 싸움, 고성방가, 쓰레기 등의 단어를 잊고 살까.

달 뜨면 새들이 놀라는 산에 가고 싶다, 그런 세상에서 살고 싶다.

【註】
1) 澗(간): 산골 물, 산과 산 사이를 흐르는 시내.
2) 桂花(계화): 계수나무 꽃.
3) 空(공): 비다, 아무도 없다.
4) 月出驚山鳥(월출경산조): 달이 뜨니 산새가 놀라다. 텅 빈 산에 갑자기 달이 떠올라 환하게 비추니 새가 화들짝 놀란 것을 표현함.
5) 時(시): 때때로.

田家春望
高適

出門無所見
春色滿平蕪
可歎無知己
高陽一酒徒

한적한 시골에서 봄을 맞으며
고적

문 밖을 나서도 보이는 것 하나 없고
봄빛 가득한 들녘의 우거진 잡초뿐
나를 알아줄 사람 없음을 한탄하나니
고양의 한 술꾼에 지나지 않노라

사람들은 누구나 바쁜 일상에서 벗어나 한가롭게 지내고 싶어한다. 도시에서 좀 떨어진 인적이 뜸한 곳에서 몸과 마음을 다 쉬고 싶어한다. 그래서 강원도 산자락을 찾고, 멀리 남쪽으로 달려가고, 섬으로 떠난다. 하지만 늘 그렇게 떠날 수만은 없는 일이다. 그렇다고 떠나지 못한다고 신세 한탄만 하고 있을 수는 없는 일이다. 그러면 못 가는 스트레스에 스트레스가 하나 더 추가되는 꼴이다. 그럴 때는 도시 안에서 해결하면 된다.

마음이 울적할 때, 기분 전환이 필요할 때, 마땅한 대화 상대가 없을 때, 주머니 사정이 그다지 넉넉하지 않을 때, 사람들의 체취가 그리울 때, 문득 어린 시절 먹었던 음식이 먹고 싶을 때, 하루 종일 사무실에서 서류와 씨름하느라 눈이 침침할 때, 장시간은 아니지만 잠시 버스를 타고 싶을 때, 어디론가 마구 돌아다니고 싶을 때, 뭔가 활력을 얻고 싶을 때……. 이럴 때 나는 사람들한테 시장에 한번 갔다와 보라고 권한다. 대개 열에 아홉은 찡그렸던 얼굴을 펴고 돌아온다. 딱히 뭐라고 표현은 못 하지만 뭔가 활력을 얻은 표정이다. 그러면 당분간은 일도 잘 하고, 매사에 적극적이고, 사람들과도 잘 어울린다. 그렇게 한두 시간만이라도 시장 다녀오기에 투자(?)하면 아무리 연일 상종가를 치는 주식보다도 훨씬 효과가 있다. 가라앉은 사람에게는 돈보다 더 중요한 것이 생활에 활력을 얻는 일이다. 시장은 당신들의 인생에 있어 또 하나의 상종가다.

시장은 언제나 활기찬 곳이다. 파는 사람들은 하나라도 더 팔려고 아우성이고, 사는 사람들은 사는 사람들대로 조금이라도 싸게 살려고 한 치의 양보도 없이 입씨름을 벌인다. 그런 인정 섞인 악다구니는 보는 이로 하여금 푸실한 미소를 짓게 한다. 그렇게 재래식 시장을 정처없이 돌다 보면 다리도 아프고 시장기도 생긴다. 그럴 때는 눈에 띄는 대로 아무 좌판에 걸터앉거나 허름한 음식점에 들어가 순대 한 접시건 장터국수 한 그릇이건 국밥 한 사발이건 마파람에 게눈 감추듯 뚝딱 해치우고 나면 그런대로 세상에 아무것도 부러울 것이 없다. 그런 연후에 시장을 돌며 각양각색의 사람들을, 행동과 표정을 살펴보는 것도 꽤나 신나는 일이다. 마치 대하소설에 등장하는 인물들이 소설에서 걸어 나와 장터를 누비고 다니는 듯한 착각마저 느끼게 한다.

　만인의 얼굴을 한꺼번에 만나 볼 수 있는 곳이 바로 시장이다.

【註】
1) 田家(전가): 시골집. 田園.
2) 出門(출문): 문을 나서다, 문 밖으로 나오다.
3) 無所見(무소견): 보이는 바 없다, 보이는 것이 없다.
4) 平蕉(평초): 잡초가 우거진 평평한 들. 여기서 '蕉'는 '잡초'를 뜻한다.
5) 無知己(무지기): 아는 이가 아무도 없음, 아는 사람이 없음.
6) 高陽酒徒(고양주도): 고양은 지명. 주도는 술 좋아하는 무리, 술 즐기는 동아리. 고양주도는 고양의 술꾼이라는 뜻으로 漢代의 酈食其(역이기)를 말한다. 역이기는 漢初의 策士로서 고양 사람. 沛公(패공: 劉邦, 나중에 項羽를 무찌르고 漢高祖가 된다)은 儒生을 싫어했다.

> 山中問答
> 李白
>
> 問余何意棲碧山
> 笑而不答心自閑
> 桃花流水杳然去
> 別有天地非人間
>
> 산중에서 주고받은 이야기
> 이백
>
> 어찌하여 푸른 산에 사느냐고 묻길래
> 웃으며 대답하지 않아도 마음 절로 한가롭네
> 물 따라 복사꽃잎 아득히 흘러가는데
> 이곳이야말로 딴 세상이지 속세가 아니라오

요즘도 그렇지만 전에는 연말만 되면 각 방송마다 '내가 좋아하는 팝송 베스트 100', '내가 좋아하는 클래식 100'을 청취자들의 엽서 신청을 받아 집계를 내서는 방송을 하곤 했었다. 가끔씩 바뀌기는 했지만 그래도 꾸준하게 상위권을 유지한 곡들은 팝송으로는 Beatles의 〈Yesterday〉, Simon & Garfunkel의 〈Bridge Over Troubled Water〉, Eagles의 〈Hotel California〉 등이었고, 클래식으로는 Beethoven의 〈운명〉 교향곡,

Vivaldi의 〈사계〉, Schubert의 〈미완성〉 교향곡 등이었다.

왜 이런 비유를 들었느냐 하면 지금까지 조사한 적은 없지만 '내가 좋아하는 한시 베스트 100'을 뽑으면 아마 모르긴 몰라도 이백(李白)의 이 시가 거의 1위를 할 것이 틀림없기 때문이다. 그만큼 이 시는 많은 사람들한테 알려졌고, 지금도 늘 인구(人口)에 회자(膾炙)된다.

많은 사람들이 이 시를 좋아하는 이유는, 이 시 속에는 자신들이 현실에서 실천하지 못하는 심오한 메시지가 담겨 있기 때문일 것이다.

핵심은 역시 두 번째 구에 있다. '소이부답심자한(笑而不答心自閑)', '웃으며 대답하지 않아도 마음이 절로 한가하네'. 속세를 떠나 여유롭게 사는 사람들은 남의 시선을 신경 쓰지 않아도 되고, 굳이 어리석은 질문에 대답하지 않아도 된다. 그래도 마음이 절로 편안하기 때문이다. 요즘 사람들이야 남들이 묻는 상식적인 물음에 대답하지 못하면 공연히 얼굴이 벌개지고 미안해 하는데 그런 것들이 다 세속적인 이유에서다. 요즘 세상이야 수능 시험을 비롯한 각종 시험을 잘 보면 다 성공을 하고 출세를 하는 것으로 아는데 산에서 은거하는 사람한테는 다 부질없는 짓. 그래서 김삿갓도 다 팽개치고 세상을 떠돌지 않았는가. 김삿갓에게는 냉소와 풍자가 넘치지만 이 시에서는 여유와 한가와 이상향만이 느껴질 뿐이다.

  시험의 홍수 속에서 번잡하고 각박하게 사는 현대인들에게 이 시는 청량제와도 같고, 활력소와도 같고, 수신 교과서와도 같고, 가끔씩은 일상을 초탈해 보라는 화두(話頭) 같기도 하다.

  그래서 일상이 지겨울 때, 심신이 피곤할 때 이 시를 본다. 눈으로 보는 것이 아니라 마음으로 본다. 그래야 조금이라도 가까이 다가오기 때문이다.

【註】
1) 余(여): 나. 汝(너). 爾(너).
2) 棲(서): 깃들다, 살다. 棲息.
3) 心自閑(심자한): 마음이 편하니, 여유로우니.
4) 渺然(묘연): 끝이 없이 아득한 모양. 杳然.
5) 人間(인간): 사람들이 사는 세상, 속세.

獨坐敬亭山
李白

衆鳥高飛盡
孤雲獨去閒
相看兩不厭
只有敬亭山

경정산에 홀로 앉아
이백

뭇새들 높이 날아 사라지고
외로운 구름 홀로 한가로이 떠 가네
서로 마주 보아 둘 다 싫지 않은 것은
오로지 경정산뿐이로다

한계령

저 산은 내게 오지 마라 오지 마라 하고

발 아래 젖은 계곡 첩첩산중

저 산은 내게 잊으라 잊으라 하고

내 가슴을 쓸어 버리네

아 그러나 한 줄기 바람처럼 살다 가고파

이 산 저 산 눈물 구름 몰고 다니는

떠도는 바람처럼

저 산은 내게 내려가라 내려가라 하네

지친 내 어깨를 떠미네

양희은의 이 노래를 들으면 『노자(老子)』의 한 구절을 읽는 듯하다. 제8장에 보면 맨 첫머리에 이런 구절이 있다. '상선약수. 수선리만물이부쟁, 처중인지소오, 고기어도(上善若水. 水善利萬物而不爭, 處衆人之所惡, 故幾於道: 최상의 선은 물의 작용과 같다. 물은 만물을 이롭게 하면서도 다투지 않고, 뭇 사람들이 싫어하는 곳에 머물러 있는다. 그러므로 물은 도에 가깝다.)'

산도 도에 가깝다. 물이 '유도(流道)'라면 산은 '유도(留道)'라고나 할까. 물이 천지사방을 흘러가면서 도를 펼친다면, 산은 한 군데 머물러 있으면서 찾아오는 모든 것들한테 도를 베풀어 준다.

산은 마음 좋은 할아버지, 할머니와 같다. 손주들이 와서 아무리 떼를 써도 다 들어 주고, 아무리 집안을 어지럽혀도 잔소리 한 마디 안 하고 '아이구 내 새끼들' 하면서 보듬어 주고, 본인들 형편이 어려워도 돌아가는 손주들 손에 용돈을 쥐어 주고, 손주들이 안 보일 때까지 대문 앞에서 손을 흔들어 주는 노인네들 같다.

산은 아주 공평하다. 특별히 사람만 귀여워한다거나 편애하지 않는다. 따지고 보면 산을 제일 못살게 구는 것은 바로 사람인데, 사람들한테도 관대하다. 새가 찾아와서 시끄럽게 굴어도 반갑게 맞아주고, 눈보라가 산을 추위에 떨게 만들어도 춥다 소리 한번 하지 않고, 비바람이 산을 깎아 내려도 아프다고 엄살을 부리지 않고, 사람들이 산에 불을 내고 산허리를 동강내도 두 손으로 감싸안아 준다.

산은 '유도(留道)'가 아니라 '상도(常道)'다. 머물러 있는 듯하지만 늘 어디에고 있는 도다. 그래서 도회지 한가운데 사는 우리들 답답한 가슴속에도 늘 들어와 살고 있다. 하지만 늘 같은 모습으로, 늘 담담한 심정으로 우리 곁에 있는 '상도(常道)'를 우리는 잊고 살고 있다. 억지로 잊으면서 살고 있다.

【註】
1) 敬亭山(경정산): 安徽省 宣城縣의 북쪽에 있는 산으로 예전에는 昭亭山으로 불렸다.
2) 衆鳥(중조): 뭇새들, 많은 새들.
3) 高飛盡(고비진): 아무리 높이 나는 새도 날다 지치면 다 둥지로 돌아가는 법. Out of Sight, Out of Mind.
4) 孤雲(고운): 바람 없는 구름은 팥 없는 찐빵인가. 구름 나그네.
5) 不厭(불염): 서로 싫증내지 않다, 짜증내지 않다. 厭世.
6) 只有(지유): 오직 ~가 있을 뿐이다. 단지 ~만이 있다.

제5부 초탈과 유유자적 39

> 夏日山中
> 李白
>
> 懶搖白羽扇
> 裸袒青林中
> 脫巾挂石壁
> 露頂灑松風
>
> **한여름 산중에서**
> 이백
>
> 흰 깃털부채 부치기 싫어
> 푸른 숲에 들어가 웃통을 벗고
> 돌벽에 두건을 거니
> 솔숲을 스쳐 온 바람에 이마가 다 시원하네

부채 하면 떠오르는 단상들이 몇 가지 있다. 어렸을 적 단잠을 깨고 나면 바람이 부는 날씨도 아닌데 서늘한 바람이 주기적으로 불어오는 것을 느낄 때가 더러 있었다. 그것은 바로 어머니가 자식을 위해 부쳐 주시는 부채 바람이었다. 어떤 이는 어머니 하면 떠오르는 게 자장가라고 하지만 내 어머니는 워낙에 음치시라 자장가는 들어 본 기억이 거의 없다. 그래서 어머니의 부채가 더욱 그립다.

조금 커서 TV에서 사극을 보거나 영화를 볼 때 왕이 나오는 장면을 보면 궁녀들이 커다란 부채를 부치던 기억이 난다. 물론 귀족들이 나오는 장면에서도 하녀들이 부치기는 했다. 그러면서 어린 나이에도 저 사람들은 어린애도 아닌데 왜 자기들이 부치지 않고 남들이 부쳐 줄까 하는 궁금증이 일었다.

조금 더 커서 프로 바둑기사들이 대국 중에 부채를 부치거나 만지작거리는 장면을 자주 보게 되었다. 처음에는 저 사람들이 덥지도 않은데 왜 저렇게 자주 부채질을 할까 의아했는데 그 이유는 한참 뒤에야 알 수 있었다.

직업 중에 부채를 제일 가까이 하는 직업은 아무래도 바둑기사가 아닐까 싶다. 요즘이야 대국장에 선풍기나 에어컨 시설이 돼 있어서 별 문제가 없겠지만 전에야 찜통 속에서 대국을 해야 했으니 부채가 긴요할 만도 했다. 그런데 부채는 부치는 용도보다 약간의 과시, 심심풀이, 그리고 가장 중요한 용도가 덜컥수 예방용이라는 것을 알게 되었다. 부채는, 특히나 폈다 접었다 하는 쥘부채는 예전부터 선비들이 늘 지닌 물건이었기에 약간의 전시 효과가 있겠고, 몇 시간이나 되는 대국 중에 제일 심심한 것이 바로 손이 아닌가. 프로야구 감독들이 경기 중에 덕 아웃에서 먹는 해바라기씨도 바로 심심풀이용이요, 극장에 들어갈 때 사 들고 들어가는 팝콘도 바로 이 경우다.

바둑에는 제한시간이라는 것이 있어서 그 시간 안에 바둑을 둬야 하는 규정이 있다. 조치훈 같은 경우는 제한시간을 다 쓰고 마지막 초 읽기까지 몰리는 경우가 많지만 대개의 경우 조금 생각하다가 덜컥 하고 바둑알을 놓는 수가 많다. 이런 수를 덜컥수라고 하고 이걸 예방하기 위해서 부채를 접었다 폈다 하는 것이다. 우리네 인생을 사는 데 있어서도 마음의 부채는 늘 필요하리라 본다. 대책 없이 사는 인생을 너무나 많이 봐 온 까닭이다.

【註】
1) 嬾搖(난요): 흔드는 것을 싫어하다, 부치는 것을 싫증내다.
2) 白羽扇(백우선): 흰 새깃으로 만든 부채. 淸談(속세를 떠난 고상한 이야기)을 즐기던 魏·晉시대 선비들이 애용하였다.
3) 裸袒(나단): 웃통을 벗다.
4) 脫巾(탈건): 두건을 벗다.
5) 挂石壁(괘석벽): 석벽에 걸다.
6) 露頂(노정): 아무것도 쓰지 않고 머리를 드러냄.
7) 灑(쇄): 깨끗하다, 씻다, 물 뿌리다. 灑落(쇄락: 기분이 상쾌하고 시원함).
8) 松風(송풍): 솔숲을 스치어 부는 바람.

> 早發白帝城
> 李白
>
> 朝辭白帝彩雲間
> 千里江陵一日還
> 兩岸猿聲啼不住
> 輕舟已過萬重山
>
> **아침 일찍 백제성을 떠나며**
> 이백
>
> 아침에 햇빛에 물든 구름 사이로 백제성을 하직하고
> 천릿길 강릉을 하루 만에 내려오네
> 양쪽 언덕에 원숭이 우는 소리 그치지 않고
> 가볍게 떠 가는 배는 어느덧 숱한 산들을 지났네

요즘은 잘 모르겠지만 그전에는 대한민국 남자라면 누구나 『삼국지(三國志)』 몇 번씩은 다 읽었다. 역사와 소설은 다소 상이(相異)하지만 영웅호걸들의 기개(氣槪)·전투(戰鬪)·부침(浮沈)·생(生)과 사(死)를 보면서 호연지기를 키우고 담력을 키우고 용기를 배웠다.

조금이라도 문화적 소양이 있는 중국인이라면 대부분 백제성이 삼협(三峽)의 기점이라는 것을 알고 있다고 한다. 이곳을 주제로 쓴 이백의 시가 초등학교 교과서에 실려 있기 때문이다.

서기 219년, 오(吳)의 여몽(呂蒙)은 형주를 탈환하고 관우을 참(斬)했다. 유비는 관우의 안타까운 죽음에 대해 복수를 하고 동시에 전략 요충지인 형주를 탈환하기 위해, 221년 7월 친히 대군을 이끌고 장강 동쪽으로 나아가 오나라를 쳤다. 이것이 이릉대전(夷陵大戰)이다. 이 전투에서 유비는 뜻밖에도 오의 육손(陸遜)에게 대패하여 백제성으로 후퇴하였다. 이 패배는 유비에게 엄청난 좌절을 안겨 주었다. 원수도 갚지 못하고, 요충지 탈환은커녕 천하통일의 꿈까지 깡그리 다 접어야 했던 것이다. 유비는 시름시름 앓기 시작했다. 그는 자신의 목숨이 얼마 남지 않았다는 것을 알고 승상 제갈량을 성도(成都)에서 불러 뒷일을 맡겼다. 이것이 세상에 널리 알려진, 유비가 백제성에서 제갈량에게 두 아들을 부탁한 이야기이다.

끝없이 흘러내리는 장강의 가운데 부분이 바로 삼협이다. 북쪽의 만리장성과 함께 모든 중국 사람들이 한번은 꼭 가보고 싶어하는 곳이다. 만리장성이 인공 조형물이라면, 삼협은 하늘이 내려 준 자연 그 자체이다.

백제성은 백제산 기슭에 자리잡고 있는데, 삼면이 강으로 둘러싸여 있어 대단히 아름답다. 장강에서 바라보면 산 위에 붉은 담벼락과 황금색 기와, 푸른 숲이 어우러져 있고, 건축물의 높은 처마 모서리가 옅은 안개 속으로 날아갈 듯 얽혀 있어 마치 구름과 물 사이에 떠 있는 것 같다.

그런데 이 백제성의 유적지 일대가 세계 최대 규모의 수력발전댐인 중국 삼협댐 건설 공사로 인해 철거 및 폭파될 위기에 놓였다. 중국 정부는 삼협댐 건설로 수몰될 22개 도시와 봉절현 등에 대한 폭파 작업을 시작했으며, 이 과정에서 봉절현 정부 청사가 흙더미로 변했다고 관영 신화통신이 지난 1월 20일 보도했다. 중국 당국은 이 일대 유물들을 이미 다른 지역으로 안전하게 옮겼으며, 유적지들은 다른 장소에 복원할 방침이다.

중국은 나라가 커서 그런지 이런 과정에서 강 상류에 있는 수백 곳의 마을이 물에 잠기게 돼 봉절현 주민 등 130만 명이 강제 이주된다.

우리나 중국이나 댐도 좋고, 개발도 좋지만 유적 훼손, 수몰지구 등의 듣기 싫은 말들은 언제나 사라질까. 개발과 보존은 영원한 맞수인가, 동지인가……

【註】
1) 早發(조발): 아침에 출발하다. 떠나다.
2) 白帝城(백제성): 四川省 奉節縣에 있고, 三峽 중의 하나인 瞿塘峽과 접해 있다. 前漢末에 公孫述이 이곳에서 군대를 일으키며 '白帝'라 자칭한 데서 유래.
3) 朝辭(조사): 물러나다. 떠나다.
4) 彩雲(채운): 아침 햇빛에 물든 구름. 아침 노을.
5) 千里(천리): 백제성에서 삼협(양자강이 산악지대인 蜀 땅에서 평야지대인 湖北省으로 나오면서 통과하게 되는 큰 협곡. 많은 협곡들로 이루어진 명승지인데 그 중 瞿塘峽·巫峽·西陵峽을 삼협이라 함)을 지나 강릉에 이르기까지의 천릿길.
6) 江陵(강릉): 호북성에 있는 도시.
7) 一日還(일일환): 하루 만에 돌아오다. 유배되어 가는 도중 사면되었다는 전갈을 받고, 강릉으로 빨리 돌아가려는 작자의 애틋한 심경이 잘 드러나 있다.
8) 啼不住(제부주): 울음이 살지 않다. 머물러 있지 않다. 곧 여러 곳에서 계속 울어대는 것을 뜻한다. 배가 흘러내려 가는 사이로 수많은 원숭이들의 우는 소리가 끊이지 않고 계속해서 들리는 것.
9) 輕舟(경주): 가벼운 배, 빨리 가는 배. 마음이 가벼우면 물살도 빠른 것 같고 배도 빨리 가는 것처럼 느껴진다.
10) 萬重山(만중산): 만 겹 산, 수많은 산.

白鷺
李白

白鷺下秋水
孤飛如墜霜
心閑且未去
獨立沙洲傍

저 백로는
이백

가을의 맑은 물가에 내리는 백로 한 마리
마치 서리 내리듯 외로이 내리네
마음 한가로운 듯 날아가지 않고
작은 모래섬 가에 홀로 서 있네

물새 한 마리

외로이 흐느끼며 혼자 서 있는

싸늘한 호숫가에 물새 한 마리

짝을 지어 놀던 님은 어디로 떠났기에

외로이 서서 머나먼 저 하늘만 바라보고 울고 있나

아아~ 떠난 님은 떠난 님은 못 오는데

갈 곳이 없어서 홀로 서 있나
날 저문 호수가에 물새 한 마리
다정하게 놀던 님은 간 곳이 어디기에
눈물 지으며 어두운 먼 하늘만 바라보고 울고 있나
아아~ 기다려도 기다려도 안 오는데

　　　　나이 드신 분들은 이 노래 앞부분 한두 줄만 봐도 누구의 노랜지 금방 아실 게다. 작년인가에 데뷔 40주년 공연을 했던 국민가수 하춘화의 노래다. 그녀는 민요조의 노래를 많이 불렀다. 요즘도 라디오 프로그램에서 부부 노래방 코너를 하다 보면 많이들 부르는 노래가 〈잘했군 잘했어〉다.

　새들은 떼로 다닌다. 날 때도 그렇고 물가에 앉아 먹이를 쪼아 먹을 때도 그렇다. 그래서 새들이 무리지어 나는 것을 군무(群舞)라고 하지 않던가. 공초(空超) 오상순(吳相淳)의 수필 중에 「짝 잃은 거위를 곡(哭)하노라」가 있다. 금실이 좋던 거위 내외였는데 한 마리가 죽자 그 모습이 하도 애처로워 공초가 쓴 글이다. 새가 애절한 심정을 말로 전했을 리는 만무한데 그 모습이 오죽했으면 그런 글을 썼을까 싶다. 공초는 엄청난 끽연가로 유명하다. 지금으로 따지면 하루에 180개피를 피웠다고 하니 하루 종일 줄담배를 피운 셈이다. 오죽하면 우리가 골초라고 바꿔 불렀을까. 서양에서 골초라고 소문난 윈스턴 처칠하고 시합을 하면 누가 이길지 모를 일이다.

각설하고 금실이 좋기로 이름난 원앙, 앵무, 십자매가 아니더라도 새들은 부부간에 사이가 좋다고 한다. 보통 한 번 짝을 맺으면 죽을 때까지 같이 산다고 하니 그런 면에서는 사람보다 백 배는 나은 셈이다. 그런 새들이 짝을 잃고 혼자 지내니 얼마나 외로울까. 차라리 나이 들어 자연사(自然死)했으면 마음이나 덜 아플 텐데 엽총이나 독극물을 잘못 먹어 비명횡사(非命橫死)했다면 얼마나 가슴이 찢어질 일인가.

혼자 하늘을 날거나 나뭇가지에 앉아 있는 처지는 그래도 낫다. 물가에 혼자 서 있는 모습은 보는 이로 하여금 처연하게 만든다. 더구나 늦가을 호숫가에 홀로 자리하고 있는 백로는, 환경오염에 멸종되어 가고 있는 새인지라 더욱 애처롭다.

【註】
1) 秋水(추수): 가을의 맑은 물.
2) 墜霜(추상): 서리가 내리다, 떨어지다.
3) 心閑(심한): 마음이 편안하고 고요함.
4) 未去(미거): 가지 않다, 떠나지 않다.
5) 沙洲(사주): 모래로 된 작은 섬.
6) 傍(방): 곁, 옆, 가까이.

> 題竹林寺
> 朱放
>
> 歲月人間促
> 煙霞此地多
> 慇懃竹林寺
> 更得幾回過
>
> **죽림사에서**
> 주방
>
> 세월은 인간 세상에서는 빨리 가는데
> 이곳에는 노을과 구름이 자욱하네
> 살뜰하고 깊은 정을 느끼게 하는 죽림사
> 다시 몇 번이나 지날 수 있을까

살다 보면 아주 먼 데도 가끔씩 가는 곳이 있고, 가까운 장소인데도 거의 가지 않는 경우가 있다. 인연이라는 것은 사람과 사람 사이에만 있는 것이 아니라 사람과 장소, 사람과 때, 사람과 음식, 사람과 직업, 사람과 공부 등에도 다 해당이 되는 모양이다. 따지고 보면 사람과 삼라만상이 다 인연이 있어야 살아가는 인생이 평탄하고 크게 고생을 안 하게 된다.

필자는 서울 사람이라 어릴 때는 서울 밖으로 나가 볼 기회가 거의 없었다. 그 당시야 요즘같이 차가 많을 때도 아니고, 더구나 하루하루 먹고 살기도 힘든데 나들이, 여행은 사치품목이었다. 기껏해야 일 년에 한 번 정도 친척들끼리의 야유회나 모임이 있어 서울을 겨우 벗어나 근교로 가보는 정도였다. 친척들도 다 서울에 옹기종기 모여 살아 별 도움이 되지 못했다. 해서 방학 때면 외가나 친척집으로 놀러 가는 친구들이 그렇게 부러울 수가 없었다. 그것이 바로 고향 없는 서울 사람들의 비애였다.

본격적인 최초의 나들이는 고2 땐가 수학여행을 경주로 간 것이었다. 그리고 대학교 때 술 먹다가 뜬금없이 친구들과 야간여행을 다니거나 지방에 있는 선·후배네 집을 급습하는 게 전부였다.

집에서 가장 멀리 그리고 오래 떨어져 보기는 역시 군대 3년이었다. 하지만 그 3년은 여행이 아니라 다분히 구속의 의미가 많아서 추억은 많았지만 유쾌한 성질의 것은 아니었다.

졸업하고 방송사에 들어와서 몇 년 지나고 맡은 프로그램이 『신한국기행』이라는 기행 프로였다. 이 프로그램은 각 지방의 풍물을 소개하는 프로그램으로 민속자료, 인물, 가볼 만한 곳, 특산물, 맛있는 집 등을 소개하는 내용이었다. 덕분에 회사 출장비 타 가지고 많은 곳을 돌아다녔다. 기억나는 곳만 해도 홍도, 흑산도, 보길도, 울진, 경주, 언양, 포항, 해남, 전주, 사천포, 통영, 음성, 남원, 안동, 문경, 영주, 밀양, 옥천 등 이루 헤아릴 수가 없을 정도다. 그 뒤 개인적으로 다시 가본 곳도 더러 있고, 마음은 꼭 가고 싶은데 못 가본 곳도 꽤 많다.

지금 생각하면 만나 본 분들 중에 타계하신 분들도 많으실 것이고, 가본 곳 중에 경관이 변한 곳도 있을 것이고, 맛있게 먹은 음식점들도 맛도 변하고 시설도 바뀐 곳이 많을 것이다.

대한민국이 좁은 땅덩어리임에는 틀림없지만 내 마음속의 '죽림사(竹林寺)'는 너무나도 많다.

【註】
1) 竹林寺(죽림사): 죽림사라는 이름의 절은 중국에 여러 곳이 있는데 작자와 관련이 있는 곳은 두 곳이다. 하나는 江西省 廬山에 있고, 다른 하나는 江蘇省 鎭江에 있는데 이 詩는 여산에서 지은 것이다.
2) 人間(인간): 속세, 인간이 사는 세상, 세간.
3) 促(촉): 재촉하다, 급박하다, 빨리 지나가다.
4) 煙霞(연하): 안개와 노을. 곧 아름다운 산수를 뜻한다.
5) 慇懃(은근): 겉으로 드러나지는 않지만 속으로 살뜰하고 정을 느끼는 것.
6) 幾回(기회): 몇 번이나.
7) 過(과): 지나다, 지나치다, 들르다.

> 答人
> 太上隱者
>
> 偶來松樹下
> 高枕石頭眠
> 山中無曆日
> 寒盡不知年
>
> **세상 사람들에게**
> 태상은자
>
> 우연히 소나무 아래에 와서
> 돌베개를 높이 베고 자네
> 산중에는 책력이 없어
> 추위가 다하도록 해 가는 줄 모르네

바야흐로 정보의 홍수시대라 이런 시가 제대로 이해가 될지 모르겠다. 핸드폰, 노트북, 전자수첩만 들고 다니면 산중이나 오지에 있어도 남들과 의사소통은 물론 세상 돌아가는 것을 다 알 수 있으니 참으로 편한 시대다. 앞으로 화상전화까지 일반화되면 정말로 비밀이 없는 시대가 된다. 조지 오웰의 『1984년』을 보면 사람들의 일거수 일투족을 '대형(大兄)'이란 작자가 다 감시를 해서 소름이 돋곤 했는데 이젠 그보다 훨씬 더한 세상이 된다.

그런 세상을 바로 코앞에 두고 '산중무력일(山中無曆日)' 이라니.

근 30여 년 전 대학교 1학년 때인가 삼수를 하고도 입시에 실패를 한 친구와 함께 도피 여행을 한 적이 있었다. 충남 해변가로 가게 되었는데 그 일주일이 참으로 꿈(?) 같은 세월이었다.

겨울바다는 황량했고, 덕분에 우리는 남들 신경 쓸 필요 없이 오붓하게 잘 지냈다. 딱 한 가지 흠이 있었다면 독재정권 시절이라 저녁 8시 이후엔가는 해변 출입이 철저히 통제되어 겨울 밤바다를 제대로 즐기지 못했다는 점이다.

우리는 그 일주일 동안 철두철미하게 매스컴과 담을 쌓고 지냈다. 물론 지금과 시대가 많이 틀려서 훨씬 쉬웠지만 예나 지금이나 방송과 신문이란 것이 커피 같아서 한번 맛들이면 쉽사리 끊기가 힘든 것 또한 사실이다. 바닷가 외진 마을이라고 해도 흑백 TV, 라디오, 신문은 쉽게 접할 수 있었지만 우리는 그 일주일 동안만이라도 세상과 등지자고 다짐했다. 처음 하루 이틀은 정말이지 좀이 쑤셔 혼났다. 서울에 있을 때는 잘 몰랐는데 막상 방송과 신문을 등지고 지내려고 하니 궁금한 것도 많고, 무인도에 떨어진 것도 같고, 무엇보다도 갑갑하기 그지없었다.

그런데 이틀이 지나자 그게 아니었다. 참으로 마음이 편해지는 것이었다. 세상 돌아가는 것이 하나도 궁금하지 않았고, 혼자 도

(道) 닦으러 선원(禪院)에 들어선 기분이었고, 온갖 세상일들이 가소롭게까지 느껴지는 것이었다. 그래서 남은 5일을 편하게 지낼 수 있었다.

물론 우리는 새대가리라 돌아오는 기차 안에서 당연히 신문을 샀고, 또다시 그 지겨운 매스컴의 시커먼 아가리 속으로 빨려들어 갔다. 돌이켜보면 매스컴과 격리된 그 일주일이 아마 내게는 세상과 등지고 산 최장기간이 아니었나 싶다. 그 지겨운 훈련소에서도 이삼 일에 한 번씩은 꼭 전우신문을 읽어야 했으니까.

그 뒤로도 여러 군데 돌아다녔지만 방송과 신문을 등질 수는 없었다. 혼자 가는 여행이 아니라 가족, 친구, 친지들이 매스컴과 접하는데야 나 홀로 아리랑을 부르짖을 수는 없었다. 하긴 이런 것도 다 핑계다. 마음만 독하게 먹으면 그까짓 TV, 라디오, 신문이 대수랴. 어차피 나 없이도 세상은 잘 돌아가고, 나 혼자 빠진다고 신경 써 줄 사람은 그렇게 많지 않은 세상이 아닌가.

앞으로는 정말 '여행중(旅行中) 무(無)매스컴일(日)'을 실천해야겠다.

【註】
1) 答人(답인): 누가 물어 본 것도 아닐진대 이런 詩를 쓴 것은 속세에 사는 사람들이 너무 조급하게 사는 것이 아닐까 해서 써본 것이리라. 예나 지금이나 왜들 그렇게 조바심을 내면서 사는지 모를 일이다.
2) 隱者(은자): 속세를 떠나 조용히 살고 있는 사람. 幽人.
3) 偶來(우래): 우연히, 뜻하지 않게.
4) 高枕(고침): 베개를 높이 베다. 枕頭.
5) 無曆日(무력일): 달력이 없다. 隱者의 여유로움과 느긋함이 엿보이는 구절이다.
6) 寒盡(한진): 추위가 다하다, 겨울이 가다.
7) 不知年(부지년): 세월이 가는 줄 모르다.

> 尋隱者不遇
> 賈島
>
> 松下問童子
> 言師採藥去
> 只在此山中
> 深雲不知處
>
> 은자를 뵈러 갔다가 만나지 못하고
> 가도
>
> 소나무 아래에서 아이에게 물으니
> 스승은 약을 캐러 가셨다네
> 이 산 속에 계시기는 할 텐데
> 구름이 자욱해서 어디 계신지 알 수가 없네

못 찾겠다 꾀꼬리

어두워져 가는 골목에 서면 어린 시절 술래잡기 생각이 날 거야

모두가 숨어 버려 서성거리다 무서운 생각에 나는 그만 울어 버렸지

하나 둘 아이들은 돌아가 버리고 교회당 지붕 위로 저 달이 떠

올 때

까맣게 키가 큰 전봇대에 기대 앉아

애들아 애들아 애들아 애들아

못 찾겠다 꾀꼬리 꾀꼬리 꾀꼬리 나는야 오늘도 술래

못 찾겠다 꾀꼬리 꾀꼬리 꾀꼬리 나는야 언제나 술래

엄마가 부르길 기다렸는데 강아지만 멍멍 난 그만 울어 버렸지

그 많던 어린 날의 꿈이 숨어 버려 잃어버린 꿈을 찾아 헤매는 술래야

이제는 커다란 어른이 되어 눈을 감고 세어 보니

지금은 내 나이는 찾을 때도 됐는데 보일 때도 됐는데

애들아 애들아 애들아 애들아

못 찾겠다 꾀꼬리 꾀꼬리 꾀꼬리 나는야 오늘도 술래

못 찾겠다 꾀꼬리 꾀꼬리 꾀꼬리 나는야 언제나 술래

1982년도에 발표되어

'아, 이런 소재도 대중가요로 쓸 수가 있구나. 역시 최고가수는 뭔가 틀리긴 틀려' 하는 만인의 공감을 얻었던 노래다.

유년 시절 숨바꼭질 또는 술래잡기 안 해본 사람은 아무도 없을

것이다. 내가 술래가 되면 다들 어떻게 그렇게 행여 '머리카락 보일라 꼭꼭' 숨는지 찾아내기가 여간 어렵지 않았고, 남들이 술래가 되어 내가 숨으면 왜 또 그리 잘 찾아내는지 정말로 귀신이 곡할 노릇이었다.

그러다 자식을 낳고 어린애와 좁은 집 안에서 술래잡기를 하면 참 안타깝게도 술래가 된 녀석은 애비, 에미를 왜 그리 못 찾던지. 술래가 못 찾는다고 가슴이 아파 보긴 또 그때가 처음이었다. 그렇다, 인생은 그렇게 돌고 도는 것이다. 찾는다고 찾아지는 것이 아니고, 쫓는다고 다 잡아지는 것이 아니다. 사랑도, 공부도, 돈도, 명예도, 인생도……

그렇게 늘 구름이 자욱한 것이 우리네 인생이다.

【註】
1) 尋(심): 찾다. 尋訪.
2) 不遇(불우): 만나지 못하다. 재능을 가지고도 좋은 때를 만나지 못해 세상에 쓰이지 못함. 奇遇.
3) 言師(언사): 말하기를 '스승께서는 ~하셨어요'.
4) 採藥(채약): 藥草를 캐다.
5) 只在(지재): 다만 ~에 있기는 한데, ~에 있는 것은 분명한데.
6) 雲深(운심): 구름이 자욱하다. 깊은 산중에서야 구름이 煙霧처럼 늘 끼는 것이거늘……

溪興
杜筍鶴

山雨溪風捲釣絲
瓦甌篷底獨斟時
醉來睡着無人喚
流下前灘也不知

강상의 여유로움
두순학

산에 비오고 강에 바람 부니 낚싯줄 거두어
배 안에서 질그릇 사발에 술 따라 마시니
취해 잠들어도 부르는 사람 없어
앞 여울로 흘러내려가도 모르네

개여울

당신은 무슨 일로

그리합니까?

홀로이 개여울에 주저앉아서

파릇한 풀포기가

돌아나오고

잔물은 봄바람에 해적일 때에

가도 아주 가지는

않노라시던

그러한 약속이 있었겠지요

날마다 개여울에

나와 앉아서

하염없이 무엇을 생각합니다

가도 아주 가지는

않노라심은

굳이 잊지 말라는 부탁인지요

　　　소월의 이 시는 정미조라는 가수 때문에 유명해졌다. 그녀가 처음 무대에 섰을 때 사람들은 눈이 휘둥그래졌다. 이금희, 김상희같이 선배들보다 비교적 큰 가수들도 있었지만 정미조는 실로 오랜만에 나타난 여성 대형가수였다. 긴 머리를 늘어뜨리고 눈을 지긋이 감고 이 노래를 부르는 정미조는 묘한 매력이 있었다. 이밖에도 〈휘파람을 부세요〉, 〈사랑과 계절〉, 〈그리운 생각〉, 〈파도〉 등이 그녀의 알려진 곡들이다.

그 뒤로는 여러 대형가수가 등장했다. 〈저 꽃 속에 찬란한 빛이〉를 부른 박경희, 〈잃어버린 장미〉를 부른 이성애, 〈진정 난 몰랐네〉를 부른 임희숙, 〈공무도하가(公無渡河歌)〉를 부른 이상은, 〈기억 속으로〉를 부른 이은미, 〈난 널 사랑해〉를 부른 신효범, 〈난 행복해〉를 부른 이소라 등 좋은 가수들이 많이 나왔다.

【註】
1) 溪(계): 본래는 '시냇물' 정도로 풀이해야 마땅하지만 이 詩의 전체적인 맥락으로 볼 때 '강' 으로 해석하는 것이 옳을 듯하다. 보통 '谿' 로도 통한다.
2) 捲(권): 걷다, 말다.
3) 釣絲(조사): 낚싯줄.
4) 瓦甌(와구): 질그릇 사발.
5) 篷底(봉저): '봉' 은 대오리·띠·부들 같은 것을 엮어 배·수레 등을 덮는 거적 비슷한 물건인 '뜸' 을 말한다. 해서 '봉저' 는 배 안, 배의 밑바닥을 뜻한다.
6) 斟(침): 술 치다, 술 따르다.
7) 睡着(수착): 잠이 들다.
8) 前灘(전탄): 앞 여울.

江村卽事
司空曙

罷釣歸來不繫船
江村月落正堪眠
縱然一夜風吹去
只在蘆花淺水邊

한가로운 강마을 생활
사공서

낚시를 끝내고 와서 배를 매어 놓지 않았네
강촌에 달 지면 바로 잠들기에 안성맞춤인데
하룻밤 사이에 바람에 불려 간다 한들
기껏해야 갈대꽃 피어 있는 얕은 물가에 있을 뿐인데

사람들은 누구나 답답할 때나 마음이 울적할 때 자연에 의지하게 된다. 그래서 강과 바다와 호수와 산에 가서 마음을 풀고들 온다. 물을 좋아하는 사람은 바다로 가고, 땀을 흘리면서 먼 곳을 조망하고 싶은 사람은 산에 오른다.

내 경우에는 군대 가기 전에도, 그러니까 대학 다닐 때도 연안부두나 월미도를 가끔씩은 찾았었다. 세속에 찌든 때도 벗길 겸 친구들과 생선회에 소주나 기울일까 해서 없는 돈에 주머니들을 몽땅 털어서 종종 다녀오곤 했었는데, 동해 쪽에서 군대 생활을 한 뒤로는 왠지 서해에 대한 매력이 많이 사라져 누가 가자고 해도 시큰둥했었다. 또 1970년대만 해도 서해가 지금처럼 혼탁하지는 않았다.

군대 있을 때 가까이서 지켜 본 동해는 그야말로 거대한 몸짓 그 자체였다. 우선은 섬이 거의 없어서 눈에 질척거리는 것이 없으니까 탁 트인 것이 보기에도 시원했고 가슴속도 시원했다. 지나는 배들도 그리 많지 않아 한가로운 정경도 볼 만했고 바닷물도 서해와는 비교가 되지 않을 정도로 시퍼랬다. 바닷가 절벽 위에서 바라보고 있어도 맨 밑바닥 잔 모래알까지 셀 수 있을 정도였다. 거기다 한번 폭풍우라도 치는 날이면 무서울 정도로 난폭하게 몸부림을 치는 탓에 비록 피해가 많긴 했지만 가슴이 다 저릿저릿할 지경이었다.

해뜨는 동해의 그 장관, 낮의 한가로움과 여유, 하늘과 땅을 구분할 수 없을 정도로 보이는 모든 것들을 온통 시커멓게 만드는 동해의 난폭한 비바람, 달과 별이 한 폭의 유화를 그려 놓은 듯한 밤바다의 어지러움 등에 취해서 나는 제대 후에도 동해 예찬론자였다. 서해는 동해의 발뒤꿈치도 못 쫓아갈 거라고 입에 침을 튀겨 가며 주장하곤 했었다. 그러던 것이 남해도 몇 번 갔다오게 되고, 서해도 다시 다녀오고 하다 보니까, 그리고 무엇보다도 나이를 한 살씩 더

먹게 되니까 생각이 조금씩 변하는 것이었다.

동해는 그 웅장함과 시원스러움으로, 남해는 오밀조밀함과 화려함으로, 서해는 멋스러움과 조화로움으로 각각의 멋이 있다는 것을 안 것은 서른이 훨씬 넘어서였다. 동해에서 일출을 바라보는 것도 장관이지만 서해에서 일몰을 바라보는 것도 그에 못지않다.

뜨는 해는 그 주변의 하늘과 구름부터 선홍빛으로 물들이고 아주 천천히, 기다리는 사람들이 지루해 할 정도로 천천히 떠오르며 바다를 또 선홍빛으로 물들인다. 수평선 위로 그 모습을 나타내기까지가 숨가쁘고, 지루하고, 긴장이 되지만 한번 새끼손톱만큼이라도 모습을 드러내기만 하면 그 뒤는 일사천리로 진행된다. 눈 깜짝 할 사이에 휭 하니 떠오르고 만다. 그래서 잠시 한눈이라도 팔면, 옆사람과 한 마디 얘기라도 나누는 날에는 그날의 일출 구경은 도로아미타불이 되고 만다. 일출 보기가 힘든 것은 날씨도 날씨려니와 부지런도 떨어야 하고, 오래 기다려야 하는 인내와 끈기, 잠깐 동안의 정신 집중 등이 요구되기 때문이다.

지는 해는 주변을 모두 진홍빛으로 물들인다. 하늘도, 구름도, 바다도, 그리고 날아가는 새들까지도 모두 자신의 색깔로 뒤덮는다. 지는 해는 떠나기 싫은 듯 처절하게 사투를 벌이다 서산 너머로 먼저 기울고, 또 한참을 징징거리다 수평선 너머로 사라져 간다. 해가

수평선 너머로 사라진 뒤에도 그 주위가 한동안 어지럽고 어수선하고 벌건 기운이 오래 남아 있는 것은 지는 해의 몸부림 때문이다. 지는 해가 구름에서 내려와 바다에 몸을 적실 즈음이 일몰의 압권이다. 한참을 구름 위에서 내려오지 않으려고 안간힘과 발버둥을 치던 해가 마침내 바다에 내려질 때는 모든 것을 포기하고 선선히 발을 담근다. 덕분에 주변 바다는 온통 검붉게 물든다. 해는 그렇게 풍류객처럼 즐기다 처연한 모습으로 사라져 간다.

일출의 모습이 장엄이라면 일몰의 모습은 비장이다.

【註】
1) 卽事(즉사): 사실 그대로 서술하는 것. 詩의 제목으로 많이 쓴다.
2) 罷釣(파조): 낚시를 끝내다, 낚시가 끝나다.
3) 不繫船(불계선): 배를 매지 않다, 붙잡아 매지 않다.
4) 正堪眠(정감면): 바로 잠들기에 알맞다, 바로 잠자기에 바쁘다.
5) 縱然(종연): 비록 ~할지라도, 가령 ~할지라도. '縱'은 '雖'와 같은 뜻으로 쓴다. 雖然.
6) 風吹去(풍취거): 바람에 불려 가다, 바람이 불어 보내다.
7) 只在(지재): 단지 ~에 있다, 다만 ~에 있다.
8) 淺水邊(천수변): 얕은 물가.

僧院
釋靈一

虎溪閑月引相過
帶雪松枝掛薜蘿
無限靑山行欲盡
白雲深處老僧多

한적한 절에서
석영일

한가로운 달에 서로 끌려 호계를 지나니
눈 덮인 소나무 가지에 덩굴이 걸려 있네
끝없이 푸른 산을 다 다녀 보려 하는데
흰 구름 깊은 곳에 노스님들 많이 계시네

불가(佛家)에서는 옷깃만 스쳐도 인연이라고 한다. 그렇게 따지면 우리는 살면서 얼마나 많은 사람들과 엄청난 인연을 맺고 사는 것일까. 인연을 노래한 유행가도 있지만 우리는 인연이라는 단어보다는 연분이라는 낱말이 더 친근감이 든다. 속물이라서 그럴까.

연분(緣分). 좋은 말이다. 특히 사람들은 남녀간에 연분이 나거나 맞는 것을 좋아하고 축하해 준다. 연분은 사전적(辭典的)인 의미로 하늘이 베푼 인연을 말한다. 그래서 좋은 연분, 천생연분이라는 말도 있지 않은가. 사람과 사람 사이에 연분이 있는 것처럼 방송 국내에서 출연자—MC·DJ를 비롯해서 탤런트, 가수, 개그맨, 아마추어 출연자 등을 포함한—와 PD 사이에도 연분이 있다. 연분이 있는 사람끼리 일해야 흥도 나고, 사이도 좋고, 그러다 보면 프로그램도 덩달아 뜬다.

연분이 맞지 않는 사람들도 있다. 가수 신해철이 바로 그런 경우다. 방송은 TV건 라디오건 1년에 두 번 프로그램 개편을 한다. 쉽게 말해서 인기 있는 프로그램은 그냥 가고, 별 볼일 없는 프로그램이나 진행자나 작가나 프로듀서는 바꾸는 것이 개편이다. 그래서 출연자들은 짧게는 6개월—요즘은 하도 세월이 빨라져서 한두 달만에 바뀌기도 하지만—에서부터 길게는 20~30년을 가는 경우도 있다. PD들은 기간이 훨씬 짧다. 짧게는 6개월에서부터 길게 잡아 봐야 2~3년이면 다른 프로그램을 맡는다.

신해철은 나랑 두 번인가 같이 일할 뻔했는데 그때마다 개인 사정으로 그만뒀다. 나하고 개인적인 감정은 아무것도 없어서 지금도 가끔 만나면 등짝도 때리고 잘 지내지만 아쉬운 구석은 있다. 첫 번째는 1989년인가 『우리는 하이틴』이라는 청소년 프로그램을 할 때였는데 다음날이 개편 첫날인데 그만 일이 터졌다. 그래서 부랴부라 긴급 섭외한 것이 〈기차와 소나무〉를 부른 이규석이었다. 그렇게 해서 이규석과 주희랑 1년 동안 자알 지냈다. 이규석은 그 당시 곱상한 외모에 적당한 말솜씨로 인기가 절정이었는데 그 뒤로 노래도 적시에 나오지를 못하고, 방송과 연분도 맞지 않아서 이제는 뒤안에 서고 말았다. 주희도 한참 때 영화 공부한다고 일본 유학을 갔는데 별 소식이 없다. 이규석의 노래도 듣고 싶고, 주희가 만들거나 출연한 영화도 보고 싶다.

두 번째는 1997년 가을이었다. 개편 뒤에 『FM 음악도시』를 맡게 되었는데 신해철이 그 프로를 너무 오래 해서 그만둔다는 거였다. 아쉽기는 했지만 떠나는 사람을 붙잡기도 뭐 해서 또 다른 진행자를 찾았다. 그렇게 해서 어렵사리 만나게 된 친구가 프로젝트 앨범 'Toy'의 프로듀서이자 실력 있는 뮤지션 유희열이었다. 그는 그때까지 게스트 출연은 많이 했지만 주진행자를 하는 것은 처음이었다. 술 좋아하지 않는 음악인 유희열과 그의 매니저 정동인은 술 엄청 좋아하는 PD 때문에 고생을 많이 했다. 마지막 날 쫑파티―방송가에서 프로그램이 끝나거나, 중간에 진행자나 PD가 바뀌면 회포를 풀기 위해 하는 회식―하는 날, 유희열이 느닷없이 헤어지기 싫다고 울음을 터트렸을 때 달래느라고 혼났던 기억이 난다. 정이 많은 사람들은 이렇게 자주 운다. 연분이 맞는 사람끼리는 헤어지기가 싫은 법이다.

【註】
1) 虎溪(호계): 廬山(지금의 江西省 구강시)의 東林寺 근처를 흐르는 시내, 계곡물.
2) 引相過(인상과): 서로 끌어서 지나가다, 서로 빠져서 지나치다. 곧 호계에 비친 달빛에 끌려 자신도 모르게 호계를 지나쳤다는 뜻.
3) 帶雪(대설): 눈을 메다, 이다, 눈이 덮이다.
4) 掛薜蘿(괘벽라): 덩굴을 걸다, 덩굴이 얽히다.
5) 行欲盡(행욕진): 다 가보려 하다, 가는 데까지 다녀 보고자 하다.

秋日
耿湋

反照入閭巷
憂來誰共語
古道少人行
秋風動禾黍

가을날
경위

저녁 햇살 동네를 비추는데
근심 들면 누구와 이야기 나눌까
옛 길에는 다니는 사람 적은데
가을 바람이 벼와 수수를 흔드네

가을 편지

가을엔 편지를 하겠어요

누구라도 그대가 되어 받아 주세요

낙엽이 흩어진 날 외로운 여자가 아름다워요

가을엔 편지를 하겠어요

누구라도 그대가 되어 받아 주세요

낙엽이 흩어진 날 모르는 여자가 아름다워요

가을엔 편지를 하겠어요

모든 것을 헤매인 마음 보내 드려요

낙엽이 사라진 날 헤매인 여자가 아름다워요

1960~70년대 늘 검은 옷을 입고 샹송이나 분위기 있는 곡들을 불러 뭇 남성들을 휘어잡았던 최양숙이 불렀던 노래다. 이 노래 역시 수많은 가수들이 리바이벌해서 부른 곡들 가운데 한 곡이다. 이동원의 노래는 들으면 서늘해져서 좋다. 역시 노래가 좋으면 시대를 초월해서 다들 좋아한다. 가만히 보니까 고은 작시, 김민기 작곡이다. 역시나다.

과문한 탓인지는 모르겠지만 우리 나라에 불란서의 샹송을 처음으로 본격적으로 소개한 가수도 최양숙이 아닌가 싶다. 그녀의 오빠 최경식은 음악평론가로써 당시 젊은 층이 즐겨 보던『월간팝송』등의 음악잡지에도 좋은 외국곡들을 많이 소개해 주어 인기가 많았었다. 한마디로 음악가족인 셈이었다.

최양숙의 뒤를 이어 모델 출신 가수 루비나, 그리고 이숙 등이 샹송을 많이 소개해 주어 팝 일변도의 외국 노래에 식상해 하던 사람들에게 다양한 들을 거리를 제공해 주었다.

어쨌거나 최양숙은 늘 검은 계통의 옷을 즐겨 입고 방송에 나온 것 같다. 그런데 희한한 것이 선입견인지 몰라도 그녀가 입은 검은 옷은 참으로 잘 어울렸는데 다른 사람들이 비슷한 분위기를 연출하면 또 그 맛이 나질 않는 것이었다. 그래서 그녀가 방송활동을 뜸하게 할 즈음 팬들은 한동안 검은 옷과 그녀가 감성적으로 불러 주었던 샹송과 우리 가요에 굶주려 했다.

화가(畵家) 천경자(千鏡子)가 그런 말을 했던가. 빨간색, 노란색, 검은색 등의 원색은 색감이 하도 화려해서 우리 같은 동양인들한테 잘 어울리지 않는다고. 그래서 되도록 그런 계통의 옷을 입으려면 각별한 주의를 요한다고.

그래서 더욱 검은 옷을 어울리게 잘 입고, 그 분위기에 맞는 노래를 불러 주었던 최양숙이 그립다. 우리는 정치판만 빼고는 너무 조로(早老)하는 것 같다, 세대 교체가 너무 빠르다.

【註】
1) 反照(반조): 저녁 볕.
2) 閭巷(여항): 동네, 마을.
3) 誰(수): 누구. 誰怨誰咎(수원수구: 누구를 원망하고 누구를 탓하랴).
4) 古道(고도): 옛 길, 오래된 길.
5) 動(동): 흔들다.
6) 禾黍(화서): '禾'는 벼, '黍'는 수수 또는 기장.

> 送靈徹上人
> 劉長卿
>
> 蒼蒼竹林寺
> 杳杳鐘聲晩
> 荷笠帶斜陽
> 靑山獨歸遠
>
> **영철 큰스님을 배웅하며**
> 유장경
>
> 깊은 숲속에 자리한 죽림사
> 아득하게 들려오는 저녁 종소리
> 삿갓 둘러메고 지는 해 등지고서
> 푸른 산 저 멀리 홀로 돌아가시네

가난한 마음

나는 돌아가리라 쓸쓸한 바닷가로

그곳에 작은 집을 짓고 돌담 쌓으면

영원한 행복이 찾아오리라

내 가난한 마음속에 찾아오리라

나는 돌아가리라 내 좋아하는 곳으로

다시는 돌아오지 않을 머나먼 곳에

나 돌아가리라 나는 돌아가리라 저 푸른 숲으로

이슬 젖은 풀 위에 누워 산허리에 달을 보면

그리운 모습들 잊어 주리라

내 까만 눈동자에 비춰 주리라

나는 돌아가리라 내 좋아하는 곳으로

다시는 돌아오지 않을 머나먼 곳에 나 돌아가리라

〈아침 이슬〉과 〈작은 연못〉으로 우리 곁에 다가와서 50줄에 접어든 지금까지도 〈사랑, 그 쓸쓸함에 대하여〉와 각종 콘서트 그리고 방송 등으로 여전히 인기를 모으고 있는 양희은이 이 노래를 처음 우리에게 전해 주었다.

이 노래를 들으면 참으로 마음이 편해지고 아늑해진다. 마치 모차르트의 〈클라리넷 협주곡〉 제2악장을 듣고 있을 때와도 같다. 영화 『Out of Africa』의 배경음악으로 나와 더 잘 알려진 2악장은 무더운 오후 온몸이 나른할 때 들으면 더욱 좋다. 천근만근 무거워진 몸이 이 곡으로 해서 가볍게 풀어지면서 조금은 떠다니는 것 같기도 하고, 온갖 시름과 번뇌가 없는 곳에서 소요(逍遙)하는 것만 같다. 「소요」란 『장자(莊子)』의 첫 번째 장(章)을 말하는데, 슬슬 거닐어 돌아다닌다는 뜻에서는 산책(散策)과 같고, 마음을 속세간(俗世間) 밖에 유람하게 한다는 뜻도 있다.

마음이 번잡하고 어지러울 때 이 시를 읽어도 좋고, 〈클라리넷 협주곡〉 2악장을 들어도 좋고, 『장자(莊子)』의 첫 장 「소요유(逍遙遊)」편(篇)을 읽어도 좋다.

【註】
1) 靈澈(영철): 승려. 會稽에서 출생. 俗姓은 湯, 字는 源澄이다. 雲門寺에서 승려 생활을 하였다. 일찍이 嚴維에게서 詩를 배웠으며, 詩僧인 皎然과 교유하기도 했다.
2) 上人(상인): 승려에 대한 尊稱. 존경하는 선배나 高昧한 인격자에게 붙이기도 한다.
3) 蒼蒼(창창): 초목이 무성한 모양, 우거진 모양.
4) 竹林寺(죽림사): 절 이름. 江蘇省 鎭江縣에 있다.
5) 杳杳(묘묘): 깊고 어두운 모양, 아득히 먼 모양. '杳'는 '渺'와 같다.
6) 荷(하): 지다, 짐지다. 荷役.
7) 笠(립): 삿갓. 簑笠(사립: 도롱이와 삿갓).
8) 帶(대): 차다, 메다, 데리고 가다. 帶劍. 帶同.
9) 斜陽(사양): 서쪽으로 기울어진 해, 왕성하지 못하고 시드는 현상. 夕陽.

> 送方外上人
> 劉長卿
>
> 孤雲將野鶴
> 豈向人間住
> 莫買沃洲山
> 時人已知處
>
> 속세를 초탈한 방외 큰스님을 배웅하며
> 유장경
>
> 외로운 구름이 들의 학을 세상에 내보내니
> 어찌 인간 세상에 머물까마는
> 부디 옥주산은 사지 마시게
> 지금 사람들 이미 다 아는 곳이라오

1,500여 년 전 얘기인데도 가슴에 와 닿는 건 무슨 연유일까? 그때나 지금이나, 당나라 사람들이나 우리나라 사람들이나 어쩜 그리 똑같은지 모를 지경이다. 소름이 다 끼친다. 그 당시야 시절이 워낙에 어려운 때라 이해나 가지만 우리의 경우는 좀 심한 것 같다. 하도 어려운 시절만 겪어서 그런 것이려니 이해를 하려 해도 도무지 종잡을 수가 없다.

무슨 얘긴가 하면 우리네의 그 지독스런 '남 따라 하기, 몰려 다니기'를 비판하려는 거다. 남이 뭘 사면 나도 사야 하고, 남이 유학 보내면 나도 보내야 하고, 남이 산에 가면 나도 가야 하고, 남이 뭘 먹으면 나도 꼭 먹어야 직성이 풀리는 그 '떼거지 문화' …….

남이 안 하는 걸 하면 좋으련만 꼭 같이 해야만 되는 모양이다. 그러니 산은 산대로 오염이 되어 신음을 하고 있고, 강은 강대로 늘 그 모양이고, 백화점 세일만 했다 하면 인근이 교통 마비가 되고, 남들이 대학 보낸다고 적성에 맞지도 않는 애들을 학원 보내느라 뼈 빠지게 고생들을 하고, 방송이나 신문에 한 번 소개되는 음식점은 빠지지 않고 찾아가는 바람에 서로 고생들을 하고, 남이 가죽옷을 입으면 자신의 처지는 생각지도 않고 따라 입는 바람에 나중에 후회 막급이고, 남이 머리에 염색을 하면 다 따라 하는 바람에 우리가 무슨 미국의 주 같기도 하고……. 정말이지 우리네의 '몰려 하기' 병폐는 끝이 없을 지경이다.

그래서 1980년엔가 주한 미군 사령관이 오죽하면 '대한민국 사람들은 들쥐 떼와 같다'고 했을까. 『동물의 왕국』 같은 다큐멘터리 물을 보면 긴 여정을 옮기는 동물들은 무리 중의 우두머리가 있어서 그 우두머리가 길을 인도하고, 물을 찾고, 위계질서를 일깨워 준다. 말도 그렇고, 누도 그렇고, 힘없는 동물일수록 우두머리를 잘 따른다. 그래야 긴 여정에서 아무런 탈도 생기지 않는다.

그런데 우리의 경우는 어떠한가. 돈 좀 있는 사람이, 힘깨나 있는 사람이 뭘 하면 다들 따라 한다. 물불을 가리지 않고 지극정성으로 몰려 다니며 따라 한다. 그런 사람들이 지도자나 되면 또 모른다. 없는 사람들은 아예 없어서 포기를 하는데 상류층과 중산층이 더 한다. 해도해도 너무 한다. 그러니 전세가 없어서 없는 사람들만 고생들을 하고 있지 않은가.

【註】
1) 方外(방외): 세속을 초월한 세계, 속세의 밖. 여기서는 上人의 이름. 본명이 아닐진대 '方外'에 '上人'까지 붙었으니 진정 초탈한 인물임에 틀림없다.
2) 將(장): 보내다, 전송하다.
3) 豈(기): 어찌. 豈可(기가: 어찌 감히 ~하겠는가). 豈敢(기감: 어찌 감히 ~하랴).
4) 莫(막): ~하지 말라.
5) 沃州山(옥주산): 道書에서 말하는 제12福地. 지금의 浙江省 新昌縣의 동쪽에 있으며, 북으로는 四明山과 마주했다. 전설에 의하면 晉나라 支遁이 이 산에서 鶴과 말을 길렀다고 한다.
6) 時人(시인): 요즘 사람들, 지금 사람들.
7) 已(이): 이미, 벌써. 已往.

> 逢雪宿芙蓉山
> 劉長卿
>
> 日暮蒼山遠
> 千寒白屋貧
> 柴門聞犬吠
> 風雪夜歸人
>
> 눈을 만나 부용산자락에 자면서
> 유장경
>
> 해 지는데 푸른 산은 멀고
> 날 추운데 가난한 초가집에 머무네
> 사립문 밖 개 짖는 소리
> 눈보라 날리는 이 밤 누군가 돌아오나 보다

눈을 좋아하는 마음은 동심과 통한다. 어린아이 치고 눈 오는 걸 싫어하는 애는 없다. 그러다가 나이가 조금씩 들어가면서 차츰 눈을 멀리 한다. 기껏해야 이십 대 들어 애인과 만날 약속에 첫눈만 기다릴 뿐이다. 동심을 잃어 가면서 세속적으로, 계산적으로 눈을 바라보기 때문이다.

눈이 오면 우선 운전자들이 싫어한다. 운전하는 사람들이야 비도 싫어하지만 눈은 차한테는 쥐약과도 같은 존재다. 차들이 엉금엉금

기어서 길이 막히고, 툭하면 제동이 먹히지 않아서 접촉사고 내기 일쑤고, 눈길을 조금만 달리고 나면 차가 금세 엉망이 된다. 구두 닦는 사람들도 눈을 싫어한다. 눈 오는 날 구두를 닦는 특이체질은 별로 없기 때문이다. 환경미화원들도 눈을 싫어한다. 온통 엉망이 된 길을 치운다는 것은 도 닦는 심정이 아니면 해내기 힘들다. 눈은 주부들도 싫어한다. 눈 오는 날 집으로 전화해서 로맨틱한 얘기를 해주는 남편도 없을 뿐더러 개구쟁이 꼬마들은 나가서 눈장난이라도 하고 들어오면 집안도 엉망이 되고, 옷도 다 버린 채 들어오기 때문이다. 눈은 군인들도 싫어한다. 눈으로 가득 덮인 그 넓은 연병장을 치우려면 며칠을 고생해야 한다. 거기다 산골짜기에 근무하다 보면 폭설로 인해 부식차량이 올라오지 못하기 때문에, 속에서 생목이 올라오도록 먹던 반찬을 또 먹어야 한다. 필자도 군대 가기 전에는 동태찌개를 잘 먹었다. 그 시절 겨울에 제일 흔한 찌개거리가 동태였다. 서민들이 먹기에 값도 적당했고, 국물만 넉넉히 잡으면 두세 끼는 쉽게 때울 수 있었기 때문이다.

그러던 것이 군대 갔다와서는 동태만 봐도, 냄새만 맡아도 속이 울렁거렸다. 군에 있을 때 폭설이 내린 적이 있었다. 워낙에 깊은 산골이라 부식차량이 들어올 리 만무였다. 하는 수 없이 군수창고에 있는 것들로 반찬을 해서 먹었다. 해서 나온 3찬이 동태조림, 동태찌개, 동태국이었다. 군수장교는 그 와중에도 1식 3찬을 챙겨 준다고 의기양양했지만 먹는 사병들은 고역이었다. 하루 이틀은 견딜 만 했는데 삼 일째가 되자 속에서 신물이 올라왔다. 맛이나 있으면 그런 대로 버티겠지만 그 시절 군대 음식이란 것이 그렇고 그런 것이어서 나중에는 맨밥에 물까지 말아서 먹어야 했다. 그렇게 일주일 이상을 동태에 절어 살았다. 행여 꿈속에서라도 동태를 보면 도망가고 싶은 심정이었다.

처음에는 의아해 하시던 어머니도 나중에는 이해를 하셨는지 내가 없을 때를 골라서 식구들과 동태찌개를 해 드셨다.

그래도 요즘은 아주 가끔씩 술안주삼아 동태찌개를 먹곤 한다. 이십 몇 년이 지나니까 입맛도 기억력을 상실했나 보다.

【註】
1) 逢雪(봉설): 눈을 만나다. 눈을 맞다.
2) 芙蓉山(부용산): 중국에는 부용산이 몇 군데 있는데 어디인지 확실치가 않다.
3) 蒼山(창산): 푸른 산. 초목이 우거진 산. 蒼空. 蒼生.
4) 白屋(백옥): 초가집.
5) 柴門(시문): 사립문. 柴扉.
6) 夜歸人(야귀인): 밤에 돌아오는 사람. 밤에 누군가 돌아오다.

過鄭山人所居
劉長卿

寂寂孤鶯啼杏園
寥寥一犬吠桃源
落花芳草無尋處
萬壑千峰獨閉門

정산인의 처소를 지나며
유장경

적적하고 외로운 꾀꼬리 살구나무 숲에서 울고
쓸쓸한 개 한 마리 복숭아꽃 핀 계곡에서 짖네
지는 꽃, 향기로운 풀을 찾아갈 곳이 없더니
수많은 골짜기와 산봉우리 속에 홀로 문 닫고 있네

송학사

산모퉁이 바로 돌아 송학사 있거늘

무얼 그리 갈래갈래 깊은 산 속 헤매냐

밤벌레의 울음 계곡 별빛 곱게 내려앉나니

그리움만 님에게로 어서 달려가 보세

척박하고 가난했던 겨울공화국에 살던 사람들에게 어렴풋하나마 피안의 세계로 인도했던 노래로, 김태곤이 흡사 선가(禪歌)(?)처럼 불러서 우리네 답답한 마음을 조금이나마 해갈시켜 주었다.

　꼭 불교신자가 아니더라도 절에 가면 마음이 차분해진다. 우선은 절에 간다는 마음이 뭔가 홀가분함을 주고, 차에서 내려 절로 올라가는 걸음도 가볍고, 올라가는 동안의 숲속길이 욕망에 묻혔던 마음을 풀어 주고, 한가한 산새 우는 소리가 쓸데없는 잡념을 씻어 준다. 일주문을 들어서고 사천왕문을 지나 종루를 지나면 한결 몸과 마음이 가벼워짐을 느낀다. 어느새 목탁 두들기는 소리, 독경 소리, 풍경 소리가 몸 안에 배어들어 와 마지막까지 남아 있던 아집과 욕심을 걷어낸다. 스님과 합장을 하고, 오가는 사람들과 눈인사를 하면 한결 푸근하다.

　목탁 소리는 언제 들어도 마음을 맑게 해준다. 해서 어떤 프로기사들은 대국을 할 때 신자가 아니더라도 염주를 굴리고 만지작거린다. 그래야 정신이 집중이 되고 손 따라 두는 덜컥수가 나오지 않는다고 한다. 대국 중에 목탁 소리를 틀어댈 수는 없는 법이니까. 또 실제로 염주알을 굴리면 마음이 착 가라앉고 안정이 된다. 법당 안을 둘러보고 있으면 별세계에 와 있는 것만 같다. 부처님의 환한 얼굴이, 세상을 밝게 비추려는 듯 정갈하게 타고 있는 촛불이, 어지러운 냄새에 시달렸던 후각을 말끔히 씻어 주는 향 냄새가, 말로는 설명할 수 없는 그 어떤 경건한 기운이 샤워기에서 나오는 물처럼 머리에서부터 온몸을 시원하게 적셔 준다.

일반 절들도 그럴진대 심산유곡에 자리한 유서 깊은 사찰은 어떨 것인가. 굳이 절만이 아니다. 덩치만 커다란 성당이나 교회보다는 내력이 있고, 고풍스러운 성전이 사람들의 마음을 위무해 주고 씻어 준다. 송학사는 멀리 있는 것이 아니라 마음속에 있다.

【註】
1) 鄭山人(정산인): '鄭'은 姓, '山人'은 山에 隱居하는 사람.
2) 所居(소거): 머무는 곳, 사는 곳. 住所.
3) 杏園(행원): 살구나무 숲. 杏林. 園頭幕.
4) 寥寥(요료): 적막한 모양, 쓸쓸하고 고요한 모양, 수가 적은 모양.
5) 桃源(도원): 武陵桃源을 말함. 즉 鄭山人을 仙人에 비유해서 그가 사는 집이 仙境임을 가리킴.
6) 無尋處(무심처): 찾지 못하다, 찾을 수가 없다.
7) 萬壑千峰(만학천봉): 수많은 골짜기와 산봉우리.
8) 獨閉門(독폐문): 홀로 문을 닫다.

酬李穆見寄
劉長卿

孤舟相訪至天涯
萬里雲山路更賖
欲掃柴門迎遠客
靑苔黃葉滿貧家

찾아온 이목에게
유장경

외로운 뱃길로 그대가 하늘 끝까지 왔으니
먼길 구름산에 길 또한 멀었겠네
사립문 앞 쓸고 멀리서 오시는 손님 맞고 싶지만
푸른 이끼 누런 잎만 가득한 가난한 집인 것을

평균 수명이 많이 높아진 요즘도 사람들은 오래 살고 싶어한다. 건강하게 오래 사는 것이야 누가 뭐라고 할 것도 아니지만 아프면서까지 오래 살고 싶어하는 것은 이해가 되지 않는다. 아직 나이가 어려서 그런가 보다.

지구촌도 그렇고 우리 나라에도 장수마을이 있다. 물론 도회지는 절대 아니다. 문명과는 담을 쌓고 사는 외진 마을이 많다. 먹는 음식도 비교적 간단하다. 미역, 멸치, 다시마, 콩류, 나물…… 이런 것들을 주식으로 해온 사람들이 오래 산다고 한다. 대전제는 마음을 편히 갖고 소식(小食)을 한다는 것이다. 적게 먹는 것도 중요하지만 소식(素食)도 중요하다. 고기 반찬이 없는 밥을 소식이라고 한다. 어디 고기뿐이리. 호화스럽게 차린 진수성찬이 아닌 적당한 양의 식사가 바로 소식(小食)과 소식(素食)이 아닌가.

　단사표음(簞食瓢飮)이라는 말이 있다. 원래는 일단사일표음(一簞食一瓢飮)인데 줄여서 단사표음이라고 한다. 단사표음은 말 그대로 도시락 밥과 표주박 물을 뜻하는데 간소한 음식물, 나아가 소박한 생활을 말한다. 이를 더 줄여서 단표(簞瓢)라고도 하는데, 매우 양이 적고 초라한 음식을 뜻하기도 한다. 비슷한 뜻을 가진 말로는 단사호장(簞食壺漿)이 있다. 단사호장은 도시락 밥과 단지에 넣은 음료수로 적은 분량의 음식물을 뜻한다. 예전 선비들은 일단사일표음을 즐겼다. 조선조에는 하루에 아침과 저녁 두 끼만 먹었다는 얘기도 있다. 원래 점심(點心)이란 말이 마음에 점 하나를 찍는다, 배고플 때 조금 먹는 음식이라고 해서 점심이 아닌가.

　그 전에는 더 말할 나위도 없지만 1960~70년대에도 정말 못 먹는 사람들이 많았다. 초근목피, 춘궁기라는 말이 어느 시대에나 통한다. 지구촌이 먹고 살 만한 지금도 아프가니스탄, 방글라데시, 남미, 아프리카 등지에는 굶어 죽는 사람들이 얼마나 많은가 말이다.

요즘 우리는 어떤가. 아직도 주위에는 결식 아동들이 있고, 공원이나 역 앞에서 급식을 받아 먹는 노숙자들이 있기는 하지만 대다수는 전에 비해 너무 잘 먹는다. 너무 기름지게 먹는다. 너무 포식을 한다. 음식점에 가면 먹지도 못할 음식을 잔뜩 시켜서는 다 남기고 간다. 그러면서 미안한 기색 하나 없다. 그래 놓고는 성인병이네, 비만이네, 다이어트네, 콜레스테롤 수치가 높네 하면서 엄살을 떤다. 손님들이 집에 와도 마찬가지다. 상다리가 휘게 차려야 체면이 서는지, 또 그래 놓고는 며칠씩 그 음식을 치우느라 애를 쓰면서 많이 차리는 것이, 호사스럽게 차리는 것이 예의인 양 억척스럽게 내온다.

푸른 이끼, 누런 잎만 가득한 가난한 집이면 어떠리. 와서 단사표음이라도 정담을 나누고, 잘 쉬었다 가면 그게 손님맞이고 대접이 아닌가. 대한민국은 '먹자공화국'이다.

【註】
1) 見寄(견기): 訪問을 받다. 찾아오다.
2) 相訪(상방): 그대가 오다, 방문하다.
3) 天涯(천애): 하늘 끝, 아주 먼 곳.
4) 賖(사): 멀다, 아득하다.
5) 欲掃(욕소): 청소하고자 하다, 치우고자 하다. 掃除.

貧交行
杜甫

翻手作雲覆手雨
紛紛輕薄何須數
君不見管鮑貧時交
此道今人棄如土

가난할 때 사귀는 참우정
두보

손바닥을 위로 하면 구름이 되고 엎으면 비가 되니
그 많은 경박한 사람들 어찌 다 세리
그대는 보지 못했는가 관중과 포숙아의 그 도타운 우정을
이 깨우침을 요즘 사람들 흙덩이처럼 버리네

　　　대한민국 남자들은 군대 얘기만 나오면 입에 게거품을 문다. 고생은 혼자만 하고, 기합은 혼자만 받고, 총은 혼자만 잘 쏘고, 포상 휴가는 혼자 다 가고, 부대가 하도 멀고 험해서 면회는 아무도 안 오고, 좌우지간 무지무지하게 어려운 군대 생활을 혼자서만 했다는 것이다. 그래서 갔다온 사람들은 갔다온 사람들대로 갖은 무용담을 펼치고, 안 갔다온 사람들은 또 안 갔다온 사람들대로 지겹게 들은 군대 얘기 덕분에 나중에는 자신들이 진짜

현역 생활을 한 것처럼 떠드는 통에 누가 해병대 출신이고, 육군 출신이고, 누가 방위 복무를 했고, 누가 면제를 받았는지 헷갈릴 지경이다.

특히 여자들 앞에서는 약간 과장된 군대 얘기가 즉효를 보는 게 사실이다. 자기가 사귀고 있는 남자가 고생스러웠던 군대 얘기를 하면 여자들은 십중팔구 측은지심으로 바라보기 마련이다. 거기에는 고생했던 남자에 대한 동정심도 있고, 애틋한 마음도 있고, 그 역경을 이겨낸 용기와 의지에 대한 격려의 마음도 있을 것이다. 그리고 그런 어려움을 이겨낸 남자에 대해 '아, 이 남자면 인생을 맡겨도 되겠구나' 하는 안도감도 생기게 마련이다.

그러나 무엇보다 중요한 또 한 가지는 속죄의 마음도 있다는 것이다. 무슨 속죄의 마음인고 하면 자신이 고무신 거꾸로 신었던 남자에 대한 미안함과, 사랑했던 남자를 군대로 떠나 보내며 무슨 일이 있어도 마음 변치 않고 3년을 기다리겠노라고 철석같이 맹세를 해놓고는 논산훈련소 훈련이 끝나기도 전에 새 남자의 유혹을 뿌리치지 못했던 자신에 대한 죄책감에서 비롯되는 그 속죄의 마음……

하기는 여자들만 탓할 것도 못 된다. 갈수록 스피드 시대에 이십 몇 개월은 여자들이 기다리기에는 너무도 긴 시간이다. 거기다 주위에서 그런 여자를 가만히 놔두지도 않는다. 또 유혹에 약한 것이 여자의 속성이 아닌가. 기다릴 줄 모르고 참을성 없기는 남자들도 마찬가지다. 터무니 없는 생각이기는 하지만 대한민국 남자들 대신 여자들이 군대에 간다고 해보자. 아마 남자들은 여자들을 태운 기차가 역 구내를 빠져 나가기도 전에 새 애인을 찾아 나설 것이다.

어쨌든 군대 얘기는 이래저래 많은 사람들에게 추억과 회한과 쓸쓸함과 아픔을 남겨 준다.

【註】
1) 翻手(번수)/覆手(복수): '번수', '부수' '翻은 飜'과 同字.
2) 雲(운)/雨(우): 구름이 비가 되고, 비가 다시 증발되어 구름이 되듯이 사람의 태도가 극단적으로 변하는 것을 비유.
3) 紛紛(분분): 어지러운 모양, 많은 모양.
4) 何須數(하수수): 어찌 다 세겠는가, 굳이 다 셀 필요가 없다.
5) 管鮑之交(관포지교): 管中과 鮑叔牙의 사귐이라는 뜻으로, 극진한 우정이나 친밀한 교제를 일컫는 말.
6) 棄如土(기여토): 흙같이 버리다, 헌신짝같이 팽개치다.

> 題崔逸人山亭
> 錢起
>
> 藥徑深紅蘚
> 山窓滿翠微
> 羨君花下醉
> 蝴蝶夢中飛
>
> **최일인의 산정에서**
> 전기
>
> 작약이 늘어선 길에 붉은 이끼가 깊고
> 산 창에는 푸르스름한 산 기운이 가득하네
> 꽃 아래서 취한 그대가 부러워
> 나비가 되어 꿈속에서 날아다니네

새로운 것에 도전하기 위해서는 남다른 용기도 있어야 하고 결단력도 있어야 한다. 거기다 기존의 것을 따르는 것보다 새롭게 시작하는 것이 위험 부담률도 훨씬 더하다.

여럿이 여행 갔을 때 새벽에 혼자 일어나 주위를 이리저리 산책할 때 느끼는 경이로움과 신선함은 거저 얻어지는 것이 아니다. 밤새 마신 술에 몸은 천근만근이고 눈꺼풀은 물 먹은 솜처럼 두 눈을 내리누르는데 남보다 먼저 일어난다는 것은 그만큼 각오가 커야 한다는 것을 의미한다.

그러나 일단 눈만 떠지면 그 뒤는 일사천리다. 아무도 없는 이른 새벽에 혼자 대자연의 품에 안겨서 그 웅장함, 포용력, 인내심, 나아가 어머니의 품과도 같은 따사로움을 느끼다 보면 조금 전 이부자리 속에서의 망설임과 주저가 그렇게 부끄러울 수가 없다.

첫새벽의 대자연은 경이로움 그 자체다. 멀리서 그리고 조금 떨어져서 바라볼 때는 단지 그 외양만이 느껴질 뿐 속마음은 전혀 알 수가 없다. 대자연의 신비는 바깥에서보다 그 속에 들어갔을 때 더 잘 알 수가 있다.

맨 처음 낯선 사람이 자신의 영역에 침입한 것을 알면 대자연은 마치 얌전한 처녀가 낯선 남자를 경계하듯이 조금은 긴장을 늦추지 않고 있다. 한 발자국씩 내딛을 때마다 대자연은 촉각을 내세우고 있다가 침입자가 요주의 인물이 아님을 깨닫고는 이내 그를 감싸 주기 시작한다. 그 순간 경계심으로 웅크렸던 모든 물상들이 일제히 기지개를 켜면서 아침 맞이를 한다.

나뭇잎과 풀잎은 밤새 내린 이슬을 가볍게 떨궈내면서 새 단장을 하고, 칠흑 같은 어둠 속에서 굳게 입을 다물고 낮은 곳으로 흘러내리던 온 산의 계곡물은 서서히 날이 밝아 옴에 따라 떼지어 두런거리기 시작해서 아직 잠에서 깨어나지 않은 산짐승들을 깨우고, 무엇보다도 먼저 동쪽 하늘이 희번해지는 것을 날개 위로 가볍게 흐르는 바람결에 깨달은 새들은 계곡물 소리에 화답해서 너무 높지 않은 톤으로 지저귀기 시작하고, 작은 덩치의 날짐승들과 숱한 곤충들을 자신의 커다란 품 안에서 잠재운 키 큰 나무는 가장 늦게 일어나 느린 동작으로 아침 준비를 하고, 다람쥐 같은 작은 짐승은 제일 먼저 일어나 채 이슬이 마르지도 않은 열매를 주워 물기에 바쁘고, 어둠의 끝에 매달려 소리없이 산 아랫자락을 휘감았던 물안개는 날이 훤해짐에 따라 짧은 만남을 아쉬워하며 왔던 모습 그대로 기약도 없이 사라지고, 햇빛이 아직 온 산을 비추기 전 전령처럼 먼저 온 밝은 기운은 어둠의 횡포에 밤새 숨죽여 울었던 모든 것들에게 희망과 새 기운을 불어넣어 주고, 이 모든 것들이 앞다투어 일어나기 시작하면서 대자연의 새벽은 여기저기서 작은 규모의 실내악을 연주하는 듯하다가 마침내는 커다란 규모의 합주곡을, 대자연이 엮어낼 수 있는 최상의 소리를 들려준다.

새벽에 그렇게 대자연이 결코 커다랗거나 시끄럽지 않게 들려주는 합주곡을 들으면 온몸에 전류가 흐르듯 전율이 온다.

그 소리는 한 마디로 정의를 내리기가 무척 어렵다.

밤새 어둠의 난폭함에 시달리다가 그 횡포에서 풀려나서 우는 기쁨의 눈물인지, 날이 밝아 오고 새로운 기운들이 다가옴에 따라 즐거워서 콧노래를 부르는 것인지, 거기에 거주하는 온갖 것들이 미명에 눈을 뜨고 일제히 기지개를 켜는 소리인지, 모든 세상사가 다 그러하듯이 새벽이 오는 기운을 반가워하는 쪽과 싫어하는 쪽이 서로의 입장을 대변하는 소리들이 엮어내는 불협화음의 어색한 합주인지, 사정이야 어찌됐든 우리의 귀에 들려오는 새벽의 그 소리는 어느 교향악단이나 실내악단이 들려주는 인공의 소리보다 한 수 위의 소리로 조화와 일치와 어우러짐을 전해 준다.

남보다 일찍 남보다 먼저 대자연의 새벽이 연주하는 경이로운 합주곡을 듣고 내려올 때 그제서야 눈을 부비며 산을 오르는 일행과 마주쳐서 그 사람들의 부러워하고 겸연쩍어하는 표정을 보면 역시 일찍 나서기를 잘 했다는 생각이 드는 것이 사람들의 간사한 심리다.

【註】
1) 崔逸人(최일인): '崔'는 姓, '逸人'은 '세속을 피하여 은거하는 사람'.
2) 藥徑(약경): 작약이 어우러진 길, 작약이 피어 있는 길.
3) 紅蘚(홍선): 붉은 이끼.
4) 翠微(취미): 산에 어렴풋이 끼어 보이는 이내, 푸르스름한 산 기운.
5) 羨君(선군): 그대가 부럽다.
6) 蝴蝶夢(호접몽): 나비의 꿈이라는 뜻으로, '꿈' 또는 '꿈을 꿈'을 이르는 말. 莊子가 꿈에 나비가 되어 내가 나비인지 나비가 나인지를 모르고 物我一體의 경지에서 즐거이 놀았다는 고사에서 유래한 말. 蝶夢.

> 山館
> 皇甫冉
>
> 山館長寂寂
> 閒雲朝夕來
> 空庭復何有
> 落日照靑苔
>
> **산의 객사에서**
> 황보염
>
> 산의 객사는 늘 적적하거늘
> 한가한 구름만이 아침 저녁으로 찾아오네
> 빈 뜰에는 다시 무엇이 있냐 하니
> 지는 해가 푸른 이끼를 비춘다네

　　　가격 파괴, 서비스 파괴, 품질 파괴 등등 요즘은 그야말로 파괴시대다. 소비자들에게는 더없이 좋은 얘기로 들리지만 곱씹어 볼수록 그리 유쾌한 것만은 아니다.

　우선은 그 동안 우리가 얼마나 속아 살아왔는가, 턱없이 바가지 요금을 지불해 왔는가를 생각해 볼 때 그렇고 아무리 가격 파괴를 해도 장사하는 쪽에서는 절대로 밑지고 팔지 않는다는 시장경제 측면에서의 절대불변의 진리 때문에 그렇다. 해서 별로 필요하지도 않은 물건들을 싼 맛에 앞뒤 가리지 않고 무작정 사왔다가 나중에 후회하는 소비자가 무척이나 많으니 이 또한 얼마나 낭비인가.

다음으로는 파괴라는 낱말 자체가 주는 이상야릇한 거부감이다. 따지고 보면 장기간의 군사독재와 매스컴의 획일주의가 우리말의 강경화를 조장했다고도 볼 수 있다. 물론 사회 자체가 갈수록 흉폭해지고 황폐화되어 가는 것도 그 이유가 되겠지만 매스컴 종사자들의 몰지각과 무신경이 우리 언어를 난장판으로 만들었다고 해도 과언이 아니다.

보라, 매일같이 쏟아지는 스포츠 신문들의 머릿기사들을. '전사, 군단, 폭격기, 유린, 초토화, 핵주먹, 소총과 기관수, 저격수…….' 남들보다 가슴이 약해서 그런지 이런 말들을 접하면 괜히 가슴이 섬뜩해진다. 또 쿠데타가 일어난 것이 아닌가, 또 선량한 사람들이 삼청교육대에 끌려가는 것이 아닌가, 또 무자비하게 학살당하는 것이 아닌가.

또 보라, 각종 주간지·월간지들의 현란한 광고 문구들을. '단독 공개, 극비 잠입, 베일을 벗긴다, 진상을 파헤친다, 전격 인터뷰, 완전 해부…….' 하지만 그 기사들을 읽어 봐도 궁금증이 풀리기는커녕 답답증만 늘어날 뿐이다.

굳이 알퐁스 도데의 「마지막 수업」을 들먹이지 않더라도 한 나라가 잘 되고 못 되고는 그 나라의 언어를 얼마나 잘 지켜 나가느냐에 달렸다. 유행어들처럼 우리말이 파괴되고, 유린당하고, 저격당하고, 파헤쳐지고, 완전 해부된다면 다음 세대의 우리 후손들은 가뜩이나 망가지고 오염된 땅에서 얼마나 살벌한 말을 쓰면서 살벌하게 살아갈 것인가.

학창 시절 읽었던 피천득 선생의 수필 가운데 '덕수궁 청자연적의 파격'이란 대목이 그래서 더욱 절실해지는 요즘이다. 온갖 획일적인 것으로부터의 약간의 벗어남, 규격화된 것들로부터의 작은 이탈, 소란스러움에서 비켜난 한적함, 바로 이런 것들이 우리들로 하여금 푸근한 미소를 짓게 하고 작으나마 소중한 것들에 대한 고마움을 느끼게 해준다.

건설지상주의에서 붕괴와 파괴의 시대로 접어든 이즈음 언론인들의 냉정한 성찰이 필요하지 않은가 싶다. 자기네 방송, 자기네 신문만을 위해 많은 사람들을 현혹시키고 우리말의 뿌리를 뒤흔든 그 만용과 무책임에 대해.

다음 세대에 물려 줄 중요한 유산은 한두 가지가 아니다. 환경, 도덕심, 이웃 사랑, 정치의식, 규모 있는 생활습관도 중요하지만 우리말을 제대로 지켜내려는 의식도 그에 못지않다. 우리가 온갖 구실로 파괴시켜 버린 자연이 이제는 우리에게 그 응보를 철저하게 묻고 있지 않은가. 그러나 애석하게도 이 땅에 사는 사람들은 사라져 가는 소중한 것들에 대해 아직도 불감증에 걸려 있다. 꼭 뭔가 일을 치뤄야만 잠시 들끓다 이내 수그러든다.

파괴의 시대, 부숴 버릴 것은 부숴 버리고 애써 보듬을 것은 보듬고 하는 것이 아직도 과도기를 살아가는 우리네 몫이다. 더욱이 방송과 신문에 종사하는 사람들은 더 말해 무엇하랴.

정녕 이 시대에 필요한 것은 파괴도 아니고 건설도 아니다. 제대로 쓸어담기와 제대로 버리기다.

【註】
1) 山館(산관): 산에 있는 客舍.
2) 空庭(공정): 빈 뜰, 빈 정원.

楓橋夜泊
張繼

月落烏啼霜滿天
江楓漁火對愁眠
姑蘇城外寒山寺
夜半鍾聲到客船

밤에 풍교에 배를 대고 자면서
장계

달 지고 까마귀 우는데 하늘에 서리는 가득하고
강가 단풍과 고기잡이 불이 시름에 잠 못 이루게 하네
고소성 밖의 한산사에서
한밤중에 울리는 종 소리가 나그네 배에 들린다

어부의 노래

푸른 물결 춤추고 갈매기 떼 넘나들던 곳

내 고향집 오막살이가 황혼빛에 물들어 간다

어머님은 된장국 끓여 밥상 위에 올려놓고

고기 잡는 아버지를 밤새워 기다리신다

그리워라 그리워라 푸른 물결 춤추는 그곳

아~ 저 멀리서 어머님이 나를 부른다.

이 노래는 박양숙이란 가수가 불렀는데 그 가수에 대해서는 별로 아는 바가 없다. 이 노래는 오래 전에 몇 번인가 들은 적이 있고, 한동안 거의 접해 보지를 못했는데 몇 년 전에 MBC FM에서 오후 4시부터 6시까지 방송하는 『가요응접실』이라는 프로그램을 제작할 때 DJ 오미희가 좋은 노래라고 자주 트는 바람에 가사도 알고, 멜로디도 흥얼거리게 됐다.

그래서 사람을 환경의 동물이라고 하는지도 모른다. 인간은 사회적 동물이라 주변 사람들의 영향을 많이 받는다. 그래서 학창 시절의 친구들이 중요한 법이다. 내 또래야 다 그랬지만 어렸을 적에 유난히 라디오를 많이 들었다. 어린 나이에 드라마도 많이 듣고, 가요도 많이 들었다. 팝송은 남들보다 늦은 나이인 고1 때부터 들었다. 순전히 친구의 영향이었다. 듣자마자 금세 그 다양한 음악세계에 빠져들었다. 『월간팝송』도 사 보고, 심야방송도 듣고, AFKN에서 방송하는 『American Top 40』도 열심히 들었다. 해서 몇 달 안 돼서 친구들을 따라잡을 수 있었다. 그러다 대학에 들어가서는 또 클래식에 몰두했다. 음악을 듣다가 강의를 빠트릴 정도였다. 그렇게 다양한 음악을 들었던 것이 방송국에 들어와서 다 피가 되고 살이 되었다.

【註】
1) 楓橋(풍교): 江蘇省 蘇州의 서쪽 교외에 있는 楓江의 다리.
2) 夜泊(야박): 밤에 배를 대고 자다. 碇泊. 宿泊.
3) 烏啼(오제): 까마귀가 울다. 烏鵲.
4) 霜滿天(상만천): 서리가 하늘에 가득하다. 하늘 가득 서리가 내리다. 秋霜.
5) 江楓(강풍): 강가에 줄지어 있는 단풍나무.
6) 漁火(어화): 고깃배에 켜놓은 등불.
7) 對愁眠(대수면): 시름 겨워 잠 못 드는 나그네와 마주하다. 시름에 잠 못 이루니까 단풍과 등불이 눈에 들어오는 것이다.
8) 姑蘇城(고소성): 蘇州.
9) 寒山寺(한산사): 楓橋 근처에 있는 절. 唐代 초기의 詩僧인 寒山者가 이 절에 있었다 하여 寒山寺라 하였다.
10) 夜半(야반): 한밤중에. 오밤중에.
11) 到(도): ~에 닿다. 이르다. 到着.

> 滁州西澗
> 韋應物
>
> 獨憐幽草澗邊生
> 上有黃鸝深樹鳴
> 春潮帶雨晚來急
> 野渡無人舟自橫
>
> 저주 서쪽 계곡물에서
> 위응물
>
> 어여쁘게도 이름 모를 풀이 물가에 자라고
> 저만치 숲속에서 꾀꼬리 우네
> 저녁 무렵 봄날의 밀물이 비와 함께 몰려드는데
> 들녘 나루터에는 사람은 없고 배만 널려 있네

깃발

이것은 소리 없는 아우성

저 푸른 해원(海原)을 향하여 흔드는

영원한 노스탤지어의 손수건.

순정은 물결같이 바람에 나부끼고

오로지 맑고 곧은 이념의 푯대 끝에

애수는 백로처럼 날개를 펴다

아! 누구인가?

이렇게 슬프고도 애달픈 마음을

맨 처음 공중에 달 줄을 안 그는.

우리가 고등학교 때 시험에 하도 자주 나와 달달 외고 다녔던 청마(靑馬) 유치환(柳致環)의 시다.

지금 생각해 보면 1960~70년대 우리는 참으로 많은 관변 행사에 동원되었다. 외국 대통령이 들어올 때, 우리 대통령이 외국에 나갈 때, 국군의 날 행사 때, 기능 올림픽에서 메달을 따고 돌아올 때 등등 초등학생들―당시는 국민학생이었다―과 중학생들은 걸핏하면 도로변에 나가서 태극기를 흔들어댔다. 처음에야 공부 안 하고 길에 나가서 적당히 장난치다가 차량의 행렬이 지날 때 팔에서 쥐가 나도록 흔들어대는 맛에 멋 모르고 좋아라 했는데 그 횟수가 거듭되고 보니 뭔가 찜찜했다.

거기다 동네 대학생 형들이 끼리끼리 모여 숙덕거리는 걸 듣다 보니 무작정 길에 나가서 국기를 흔들어대는 것이 그렇게 좋은 것만은 아니라는 생각이 들었다. 그래 봐야 당시에는 상황 파악이 기껏 그 정도였고, 나중에 고등학교에 진학하고 대학교에 들어가서야 우리가 얼마나 꼭두각시놀음을 한 것인 줄 알게 되었다.

그토록 좋은 시에 이런 비유를 해서 안됐지만 그 당시 고사리 손에 흔들린 것은 '슬프고도 애달픈 마음'이 아니라 철부지들의 '순진하고도 해맑은 마음'이었던 것이다. 어디 우리 나라뿐인가. 지구상의 후진국과 독재국가에서는 다들 그랬던 것을. 그래서 마스게임 잘 하는 것이 자랑이 아니라는 사실을 나중에야 알았다.

【註】
1) 滁州(저주): 지금의 安徽省 지방.
2) 西澗(서간): 저주 서쪽 교외에 있는 강.
3) 獨憐(독련): 아주 예쁘게 여기는 것. 愛憐.
4) 幽草(유초): 저만치 떨어져 있는 풀. 물가에 자생하는 이름 없는 작은 풀.
5) 上有(상유): 저 위에는 ~가 있다. 물보다는 풀이, 풀보다는 숲이, 숲보다는 새가 더 위에 있는 것이 사실이다.
6) 黃鸝(황리): 꾀꼬리. 黃鶯. 黃鳥.
7) 春潮(춘조): 봄날의 밀물.
8) 帶雨(대우): 비를 데리고 오다, 비와 함께 하다. 강물에 비가 내리는 것을 말한다.
9) 晚來(만래): 저녁이 오니, 저녁이 되니.
10) 野渡(야도): 나루터.
11) 橫(횡): 제멋대로, 마구. 專橫.

> 十五夜望月
> 王建
>
> 中庭地白樹棲鴉
> 冷露無聲濕桂花
> 今夜月明人盡望
> 不知秋思在誰家
>
> 보름달을 바라보며
> 왕건
>
> 안마당은 대낮같이 환한 가운데 나무에는 까마귀 잠들고
> 찬 이슬 소리없이 계수나무 꽃을 적신다
> 오늘 밤 달이 밝아 사람들 모두 쳐다보는데
> 누가 가을 시름에 젖어 있는지 아무도 모르네

가을 숲에서

가을 숲에 서면

나무들의 옷 벗는 소리가 들린다.

한시절 살아온 말없던 삶이

빛바랜 세월을 털고

이 가을, 나무는 정직한 맨몸으로
찬바람 속에 선다.

산다는 것이 얼마나 확실한 것이던가.
추수의 마차들이 숲을 지날 때
지난 여름의 셈은 끝나고
돌아오라, 고독한 자유여.
나무는 저마다 혼자서
가을 햇살에 몸을 씻노니.
바람이 올 때마다 아픈 손을 흔들어도
가을 하늘 높이에서 아득한
그리운 이름
슬픔으로 수액을 말리고
메마른 육체를 쓰다듬어
겨울 문턱에 서서
나무는
그 싱싱한 내일을 위하여
이 가을, 말없이 옷을 벗는다.

가을 숲에 서면 나무들의 아픈 숨소리 들린다.

김문희 시인의 시집 『가을 강』에 수록된 시다.

나무들의 옷 벗는 소리는 과연 어떤 소리일까? 낙엽이 풀숲에 떨어지는 소리? 낙엽이 바람에 휘날리는 소리? 나무의 맨살에 소름이 돋아나는 소리? 나무가 추위에 떠는 소리? 각질이 떨어져 나가는 나무의 신음 소리? 겨울 날 준비에 바쁜 나무의 거친 숨소리? 긴 동면에 들어갈 산짐승들과 헤어지는 이별의 눈물이 흘러내리는 소리? 상상은 이래서 자유롭다. 읽는 사람에 따라, 보는 사람에 따라, 느끼는 사람에 따라 상상은 끝없는 나래를 펼친다. 일상에 찌들릴수록, 고단한 삶에서 벗어나고 싶어할수록, 사람들은 자유롭게 상상의 나래를 활짝 편다. 또 그래서 음악을 듣고, 책을 읽고, 영화를 보고, 연극을 관람하는 것이 아닌가.

김광균 시인은 「설야(雪夜)」라는 시에서 눈 내리는 소리를 '어느 머언 곳 여인의 옷 벗는 소리'라고 기막힌 표현을 해서 그 시를 읽는 사춘기 남학생들의 가슴을 두근거리게 했던 기억이 난다.

역시 시인들의 관찰력은 예리하고 표현 또한 뛰어나다.

사춘기 여학생이 아니더라도 스산한 가을이면 누구나 몇 편 정도의 시는 써볼 일이다. 시가 어렵게 여겨지면 수필을, 그도 힘들면 받을 대상이 없더라도 편지를 몇 통 써볼 일이다. 대상이 없어 쓰기 힘든 사람은 자기 자신에게라도 써볼 일이다. 늘 일상에 머물러 있는 자신에게, 주위 환경에 둔감해지는 자신에게, 갈수록 감정이 메말라 가고 있는 자신에게 또 하나의 자신이 보내는 속옷 벗는 소리, 아픈 숨소리를 한번 들려줘 볼 일이다.

【註】
1) 十五夜(십오야): 보름날 밤. 이 詩에서는 추석날 밤을 가리킨다.
2) 中庭(중정): 뜰, 정원.
3) 地白(지백): 달빛이 환하게 비쳐 땅이 하얗게 된 것.
4) 棲鴉(서아): 까마귀가 깃들다. 棲息. '棲'는 '栖', '捿'와 同字.
5) 濕(습): 젖다. 濕氣.
6) 人盡望(인진망): 세상 사람들이 모두 바라보다.
7) 不知(부지): 모르겠다고 하면서도 꼭 그럴 것이라는 강조의 뜻이 있다. 추석날 밤 휘영청 밝은 달을 보며 집 떠난 사람이 고향을, 가족을, 친구를 생각하는 것은 인지상정이 아닌가.
8) 秋思(추사): 가을 생각이 아니라 '思'를 '愁'로 새겨서 가을이면 생겨나는 근심, 추석날이면 찾아오는 근심으로 풀이하는 것이 무난하다.
9) 落誰家(낙수가): 근심이 떨어지는 사람에게는 근심이 생겨난 법, 누가 시름에 잠길까. '誰家'는 '누구네 집'으로 풀지 말고 '누가' 정도로 푸는 것이 좋다.

> 江村夜泊
> 項斯
>
> 月落江路黑
> 前村人語稀
> 幾家深樹裏
> 一火夜漁歸
>
> **강마을에서 묵으며**
> 항사
>
> 달이 지니 강길 칠흑 같고
> 앞마을 사람들 말소리도 드무네
> 깊은 숲속에 집 몇 채 보이는데
> 밤늦게 고깃배 한 척이 불 밝히고 돌아오네

아무리 칼라 시대지만 그래도 흑백이 좋을 때가 있다. 그래서 전문 사진작가는 흑백 사진을 찍고, 돈으로 범벅을 한 헐리우드 블록버스터보다 잔잔한 유럽 흑백 영화가 진한 감동을 줄 때가 있다.

예전 1960년대 초등학교 다닐 때는 수업이 끝나기가 무섭게 밖으로 싸돌아다녔다. 그 당시만 해도 서울도 개발이 덜 된 상태라 조금만 벗어나면 산과 들이 우리를 반겨 주었다. 사시사철 학교와 집에서는 맛볼 수 없는 것들이 많았다. 또 집이라도 해봐야 방 하나에 온 가족이 뒹굴 때라 숙제도 대충 해치우면 되었고, 그것도 여의치 않으면 매 몇 대 맞거나 벌 서면 되었다.

그러다 동네 만화가게에 흑백 TV를 들여다 놓자 친구들이 저녁 숟가락 놓기가 무섭게 그리들 몰려가는 통에, 형편이 여의치 못한 나머지는 낙동강 오리알 신세였다. TV를 보려면 적어도 만화 몇 권을 보고 표를 얻어야 하는데, 그럴 돈이 있으면 눈앞에 보이는 군것질이 우선이었지 저녁 먹고 나서의 일은 까마득한 뒷전이었다. 거기다 우리가 누군가. 극장에도 개구멍으로 들어가서 걸핏하면 끌려나오는 것이 일쑤였는데 그까짓 만화가게 들어가는 것은 누워서 떡 먹기였다. 행여 주인이 알아채서 쫓겨나면 다음날 금세 해결할 수 있는 방도가 또 있었다. 그 당시에도 '왕따'는 있는 법이어서 또래 몇이 노는 데 끼어 주지 않으면 지레 저쪽에서 먼저 백기를 들고 투항을 했다. 그러면 우리는 그놈의 딱진가 폰가를 의기양양하게 주인한테 들이밀곤 한두 시간을 널널하게 TV를 보다 집으로 돌아오곤 했다. 물론 두말할것도 없이 그 시간에 집에서 기다리는 것은 어머니의 잔소리와 매였다.

그 당시는 먹을것도 없어 늘 배가 고프고, 입성도 남루했지만 그래도 밖으로 나돌면 아카시아 꽃잎, 산딸기, 동네 국수가게에 널린

국수다발, 푸성귀와 과일이 주린 배를 채워 주곤 했다. 거기다 요즘 애들같이 과외다, 학원이다, 레슨이다 뭐다가 하나도 없었으니 얼마나 행복했던지. 바람 빠진 축구공 하나만 있어도 골목길은 늘 우리 차지였다. 당연히 공을 차다가 누구네 장독이라도 깨뜨리면 줄줄이 매타작을 당하기는 했어도 그때는 나돌 밖이라도 있었고, 내 딛을 맨땅이라도 있었다.

어쨌거나 흑백 시대에는 추억이 많은 법이다. 우리네 초등학교, 중학교, 고등학교 때는 물질적으로는 한없이 빈곤했지만 정신적으로는 어린 나이에도 여유랄까 뭐 그런 것이 있었다. 하지만 1980년대 들어서 칼라 TV가 들어서고, 통금이 사라지고, 교복이 자유화되고, 물질적으로 여유가 있어지자 이상하게도 다들 정신적인 여유가 없어지고 사는 데 더 급급하게들 되었다. 그래서 세상에는 공짜가 없는 법인가 보다. 뭔가 한 가지가 늘면 나도 모르는 새 다른 한 가지가 공에 바람 빠지듯 슬그머니 빠져 나가 버린다.

이 시를 보면 흑백 사진의 추억이 진하게 묻어 나온다.

【註】
1) 人語(인어): 사람 말소리.
2) 稀(희): 드물다, 희미하다. 稀少.
3) 幾家(기가): 몇 집, 얼마간의 집.
4) 深樹裏(심수리): 깊은 숲속.
5) 一火(일화): 불빛 하나, 곧 불 밝힌 배 한 척을 의미한다.
6) 夜漁歸(야어귀): 밤늦게 돌아오는 고깃배.

池窓
白居易

池晚蓮芳謝
窓秋竹意深
更無人作伴
唯對一張琴

가을 연못에서
백거이

저녁 연못에는 연꽃이 시들었고
가을 창에는 대나무의 마음이 깊이 들어와 있네
다시금 함께 할 사람 아무도 없으니
오직 거문고 한 대만이 마주할 뿐이네

가을 우체국 앞에서

가을 우체국 앞에서 그대를 기다리다

노오란 은행잎들이 바람에 날려 가고

지나는 사람들같이 저 멀리 가는 걸 보네

세상에 아름다운 것들이 얼마나 오래 남을까

한여름 소나기 쏟아져도 굳세게 버틴 꽃들과

지난 겨울 눈보라에도 우뚝 서 있는 나무들같이

하늘 아래 모든 것이 저 홀로 설 수 있을까

가을 우체국 앞에서 그대를 기다리다

우연한 생각에 빠져 날 저물도록 몰랐네

요즘 MBC FM에서 『2시의 데이트』를 맡아 방송하고 있는 가수 윤도현의 노래다. 그와 별로 친하지는 않지만 서로 인사는 나누는 사이라 한번 물어 볼까도 생각했었는데 너무 우문(愚問)이 될 것 같아서 그만뒀다. 어차피 이심전심(以心傳心)이 아닌가. 이 노래를 좋아하는 다른 사람들도 마찬가지겠지만 물음은 다름이 아니라 '왜 하필이면 가을 우체국 앞에서인가?' 다. 이 글을 보면서 고소(苦笑)를 면치 못하는 독자들도 계시리라. 가사를 다른 계절에 맞게 아무리 다듬고 해도 역시 누구를 생각하고, 성찰하고, 기다리고 하는 데는 가을 우체국이 제격이다. 봄 우체국? 여름 우체국? 겨울 우체국? 역시 아니다. 그래서 이 노래를 들으면 옛 생각이 나기도 하고, 사춘기 시절 못 견디게 좋아했던 여학생이 떠오르기도 하고, 지난 계절에 저질렀던 어리석은 일들이 후회되기도 하고, 신경을 써야 할 사람들한테 제대로 신경을 썼나 반성하기도 하고, 아직 이 나이에도 홀로 서지 못한 듯싶은 자신이 측

은해지기도 하고, 앞으로 남은 인생 동안 만나게 될 사람들과 기다려야 할 사람들을 생각하기도 한다.

인간을 만물의 영장이라고 하지만 모든 면에서 그런 것은 절대 아니다. 지구상의 온갖 짐승들과 새들보다 뒤늦게 독립하는 것이 인간이다. 초식동물들은 세상에 나오자마자 금세 걸어다닌다. 그보다 늦은 것이 새들이고 육식동물이다. 동물보다 더 빠른 것은 식물이다. 식물은 누구의 도움도 없이 홀로 자라고 홀로 씨를 퍼뜨린다. 육식동물이 독립하려면 몇 년이 지나야 한다. 인간은 어떤가. 적어도 스무 살은 넘어야 부모의 품을 벗어나지 않는가.

이 노래의 또 하나의 메시지는 기다림이다. 상념에 빠져 있긴 했지만 기다리던 그대가 오지 않았는데도 그 자리에서 꼼짝 않고 날 저물도록 기다린다는 것, 이 얼마나 가상한 일인가.

【註】
1) 池窓(지창): 연못의 창문. 가을 연못을 통하여 또 다른 가을의 정취나 모습을 볼 수 있는 사람에게 연못은 또 하나의 창문이 될 수 있다.
2) 蓮芳謝(연방사): 연꽃이 시들다. '謝'는 '시들다, 떨어지다'.
3) 竹意深(죽의심): 대의 뜻이 깊다. 마음이 깊다.
4) 人作伴(인작반): 같이 있어 줄 사람, 함께 할 사람.
5) 一張琴(일장금): 거문고 하나. '張'은 '얇은 물건이나 활·거문고·비파·휘장 따위를 세는 단위'를 말한다.

> 古秋獨夜
> 白居易
>
> 井梧涼葉動
> 隣杵秋聲發
> 獨向簷下眠
> 覺來半牀月
>
> 늦가을밤 나 홀로
> 백거이
>
> 우물가 오동나무 서늘한 잎 바람에 일고
> 이웃집 다듬이는 가을 소리를 내네
> 홀로 처마 밑에서 깜박 잠들었다가
> 깨어 보니 평상에 반쯤 달이 들었네

오동잎

오동잎 한 잎 두 잎 떨어지는 가을밤에

그 어디서 들려오나 귀뚜라미 우는 소리

고요하게 흐르는 밤의 적막을

어이해서 너만은 싫다고 울어대나

그 마음 서러우면 가을 바람 따라서

너의 마음 멀리멀리 띄워 보내 주려무나

1970년대 후반인가 〈가을비 우산 속〉으로 커다란 인기를 모았던 가수 최헌이 '호랑나비'라는 그룹에서 탈퇴해 부른 첫 노래가 바로 이 노래가 아닌가 싶다. 희미한 기억으로는 초가을에 발표되어 그해 가요계를 휩쓸지 않았나 싶다.

오동잎이 떨어지는 가을이면 여의도는 스산하다. 가을이 중순을 지나면 그나마도 방송사나 국회에 견학 오는 사람들을 빼고 여의도를 찾는 사람들의 발걸음은 뚝 끊어진다. 더러 있기는 하다. 전국 각지에서 시위하러 오는 사람들이 제일 자주 들르는 곳이 바로 여의도다. 한적한 여의도에서 이런 단상도 해본다.

애시당초 여의도는 상권으로만 제한해서 개발하는 것이 옳았다. 라스베가스처럼 유흥과 환락이 넘치는 장소로 만드는 것이 외국 관광객 유치에도 좋고 치안 유지에도 좋았다. 카바레, 나이트클럽, 카지노, 룸살롱, 각종 술집, 매춘업소 등 유흥과 환락에 관계되는 업소들을 한 군데에 모아 놓으면 세금 징수, 영업 실태 조사, 치안질서 유지가 용이할 뿐 아니라 그에 따른 음주 사고 방지, 생활권과의 격리 등으로 막대한 가외 효과를 거둘 수 있다.

격리된 섬 안에서 사고를 치든 싸움질을 하든 술주정을 하든 바깥 세상 사람들은 상관할 바 없다. 여의도로 들어오는 몇 개의 다리와 진입로만 통제하면 만사 끝이다. 그리고 나서 특수경찰을 배치해서 여의도를 집중 단속하면 된다. 외국인들이야 돈 쓰러 관광하러 왔으니까 사람 죽이지 않은 다음에야 내버려 두면 되고, 내국인들만 과감하게 단속을 하면 된다.

그러면 외화 벌어들여서 좋고, 술 먹고 개망나니 하는 짓 안 봐서 좋고, 청소년들을 유해 환경에서 벗어나게 할 수 있어 좋고, 남는 치안병력을 방범활동 등에 쓸 수 있어 좋고, 여의도를 제외한 다른 지역 사람들은 쾌적한 환경에서 살 수 있어 좋을 것이다.

'술파'는 여의도로, '비술파'는 탈(脫)여의도 하면 될 것이고, 마찬가지로 빠찡고나 매춘을 원하는 작자들은 여의도로, 싫어하는 사람들은 여의도로 가지 않으면 될 것이다. 그랬더라면 서울이 지금의 주거 환경보다는 훨씬 좋아졌을 것이고, 국제적으로도 관광 도시, 문화 도시로 더 알려졌을 것이다.

【註】
1) 古秋(고추): 늦가을. 晩秋.
2) 井梧(정오): 우물가 오동나무.
3) 涼葉動(양엽동): 서늘한 잎이 흔들리다. 가을이 되니 오동나무 잎이 보는 이로 하여금 쓸쓸하게 흔들리고 있다는 뜻. '涼'은 '凉'의 俗字.
4) 隣杵(인저): 이웃집 다듬이 소리. 杵聲. 砧聲(침성).
5) 簷下(첨하): 처마 밑. 涼響(첨향: 처마에서 떨어지는 낙수 소리).
6) 覺來(각래): 잠이 깨다. '來'는 조사.
7) 半牀月(반상월): 평상에 반쯤 달이 들다. 달이 아직 완전히 뜨지 않아서 평상의 반쯤을 비추다.

> 夜雨
> 白居易
>
> 早蛩啼復歇
> 殘燈滅又明
> 隔窓知夜雨
> 芭蕉先有聲
>
> **밤비 내리는데**
> 백거이
>
> 첫가을 귀뚜라미는 울다가는 그치고
> 타 들어간 등불은 꺼질 듯하다가는 다시 환해지네
> 창 밖에는 밤비가 내리는데
> 파초가 제일 먼저 들었네

파초의 꿈

낙엽이 나부끼던 어느 날인가

눈보라 밤새 일던 어느 날인가

세월의 뒤안길을 서성이면서

한 많은 외로움에 울던 그 사람

언젠가 땅을 딛고 일어서겠지

태양의 언덕 위에 꿈을 심으면

파초의 푸른 꿈은 이뤄지겠지

아마 1970년대 초반에서 중반으로 넘어갈 무렵, 그 당시 여자가수로는 드물게 성량이 아주 풍부했던 문정선이 불러서 장안을 떠들썩하게 만든 곡이다. TV 드라마로도 방영되어 인기를 모았었다. 그 뒤로 아마추어 가요제만 열렸다 하면 다들 이 노래를 들고 나왔던 기억이 있다.

몇 년 전에는 심장병 어린이들을 도왔던 '수와진'이라는 형제가수가 〈파초〉라는 노래를 부른 적이 있다. 그러고 보면 파초라는 식물은 사람들에게 꿈과 희망을 주는 뭔가가 있는 모양이다.

학창 시절 배웠던 조지훈(趙芝薰) 시인(詩人)의 시도 생각난다.

파초우(芭蕉雨)

외로이 흘러간 한 송이 구름

이 밤을 어디에서 쉬리라던고.

성긴 빗방울

파초잎에 후두기는 저녁 어스름

창 열고 푸른 산과

마주앉아라.

들어도 싫지 않은 물소리기에

날마다 바라도 그리운 산아

온 아침 나의 꿈을 스쳐간 구름

이 밤을 어디메서 쉬리라던고.

파초는 관상용으로도 재배되고, 줄기·잎·뿌리는 약재로도 쓰이고 잎은 부채로도 쓰였다니 유익한 식물임에 틀림없다.

【註】
1) 早蛩(조공): 첫가을에 우는 귀뚜라미. '蛩' 은 '蛬' 과 같다. 早秋. 初秋.
2) 復歇(부헐): 다시 쉬다. 그치다.
3) 隔窓(격창): 창을 사이에 둠. 곧 창 밖. 隔壁(격벽: 벽을 사이에 둠, 이웃집). '窓' 은 '窻' 의 本字.
4) 芭蕉(파초): 파초. 파초과에 속한 다년생 풀. 잎은 긴 타원형이고 황갈색의 꽃이 핀다. 芭蕉의 꿈.

落花古調賦
白居易

留春春不住
春歸人寂寞
厭風風不定
風起花蕭索

떨어지는 꽃을 생각하며
백거이

봄을 붙잡으려 하나 봄은 머무르지 않고
봄이 돌아가면 사람은 쓸쓸해지네
바람을 싫어해도 바람은 멈추지 않고
바람이 일면 꽃들은 다 지고 마네

풀

풀이 눕는다

비를 몰아오는 동풍에 나부껴

풀은 눕고

드디어 울었다

날이 흐려서 더 울다가

다시 누웠다

풀이 눕는다
바람보다도 더 빨리 눕는다
바람보다도 더 빨리 울고
바람보다 먼저 일어난다

날이 흐리고 풀이 눕는다
발목까지
발밑까지 눕는다
바람보다 늦게 누워도
바람보다 먼저 일어나고
바람보다 늦게 울어도
바람보다 먼저 웃는다
날이 흐리고 풀뿌리가 눕는다

1968년 6월 16일은 참으로 안타까운 날이었다. 모더니스트, 참여시인, 자유인, 독설가 등으로 널리 알려진 김수영(金洙暎) 시인(詩人)이 세상을 뜬 날이었다. 채 50도 안 되는 나이에 인도로 뛰어든 버스에 치여 끝내 유명을 달리한 날이기 때문이었다. 그가 10년만 더 살다 갔어도 우리 문학사는 토양이 더 굳어지고 좋은 자양분을 후대에 남길 수 있지 않았을까 해서다. 더구나 그 해 김수영은 인용한「풀」같은 걸출한 시를 쓰고 갔으니 많은 사람들이 애석해 하는 것도 충분히 이해할 만하다.

물론 우리 문단이 어느 한두 특정인에 의해서 좌지우지될 만큼 허약하지도 않고, 또 그래서도 안 된다는 것이 소신이다. 남달리 김 시인을 좋아했던 필자(筆者)로서는 거두절미하고 딱 한 가지만 짚고 넘어가야겠다.

김 시인은 후배들을 따끔하게 혼냈다. 특히 공부 안 하고, 글 안 쓰고, 술만 먹고 폼만 내고 다니는 후배들을 호되게 다루었다. 이런 선배들이 많아야 후배들이 올바로 큰다.

【註】
1) 古調賦(고조부): 옛 곡조의 詩歌, 옛스런 곡조의 詩.
2) 留春(유춘): 봄을 붙잡다, 가지 못하게 하다.
3) 寂寞(적막): 적적함, 고요함.
4) 厭風(염풍): 바람을 싫어하다, 꺼리다.
5) 不定(부정): 그치지 않다, 멈추지 않다. 바람이 시도때도 없이 부는 것을 뜻함.
6) 蕭索(소삭): 쓸쓸한 모양. 蕭條(소조). 바람이 불면 꽃잎이 다 져서 쓸쓸한 것을 나타낸다.

古墳
白居易

古墳何代人
不知姓與名
化爲路傍土
年年春草生

옛 무덤을 바라보며
백거이

옛 무덤은 어느 시대 사람 무덤인가
성도 모르고 이름도 알 수 없네
어느덧 길가 흙으로 변해
해마다 봄 풀이 자라네

다들 그렇겠지만 묘지나 공원을 다녀오고 나면 며칠은 묘한 기분으로 지낸다. 딱히 뭐라고 설명할 수는 없지만 번잡스런 일상에서 한 걸음 벗어난 느낌이다. 그런 기분으로 한동안 지낼 수만 있으면, 남은 생을 그런 심정으로 보낼 수만 있으면 좋으련만 워낙에 머리가 나쁜지 아니면 까마귀 고기를 삶아 먹었는지 채 일주일이 지나기도 전에 도로아미타불이다. 참으로 한심한 노릇이다.

풍장(風葬)

내 세상 뜨면 풍장시켜다오

섭섭하지 않게

옷은 입은 채로 전자시계는 가는 채로

손목에 달아 놓고

아주 춥지는 않게

가죽가방에 넣어 전세 택시에 싣고

군산(群山)에 가서

검색이 심하면

곰소쯤에 가서

통통배에 옮겨 실어다오

가방 속에서 다리 오그리고

그러나 편안히 누워 있다가

선유도 지나 무인도 지나 통통 소리 지나

배가 육지에 허리 대는 기척에

잠시 정신을 잃고

가방 벗기우고 옷 벗기우고

무인도의 늦가을 차가운 햇빛 속에

구두와 양말도 벗기우고

손목시계 부서질 때

남몰래 시간을 떨어뜨리고

바람 속에 익은 붉은 열매에서 툭툭 튕기는 씨들을

무연히 안 보이듯 바라보며

살을 말리게 해다오

어금니에 박혀 녹스는 백금(白金)조차도

바람 속에 빛나게 해다오

바람을 이불처럼 덮고

화장(化粧)도 해탈(解脫)도 없이

이불 여미듯 바람을 여미고

마지막으로 몸의 피가 다 마를 때까지

바람과 놀게 해다오

황동규 시인의 시다. 무덤 앞에서, 죽어 가는 사람 앞에서, 이런 시 앞에서, 미사곡이나 레퀴엠을 들으면서 우리는 반성을 많이 한다. 하지만 돌아서면 그걸로 끝이다. 하기야 고승이나 성직자들도

화를 내고, 세속의 때를 다 벗지 못한다는데 우리 같은 범인들이야 오죽할까 싶다.

풍장(風葬)이면 어떻고, 우장(雨葬)이면 어떻고, 수장(水葬)이면 또 어떠리. 묘지고 납골당이고, 또 그런 시설 건립 반대한다고 난리들인데 참으로 부질없는 짓들이다. 우리 나라 사람들은 저승에 가서도 데모할 것이다. 왜 우리는 편안한 곳에 두지 않았느냐고. 데모야 다른 민족도 하겠지만 불법·과격·막무가내 데모를 하는 민족은 우리밖에 없으니까 찾기는 쉬울 것이다. 발가벗고 왔다가 발가벗고 가는 게 인생인데 안타까운 일이다.

【註】
1) 何代人(하대인): 어느 시절 사람.
2) 化爲(화위): 변해서 ~이 되다, 바뀌어 ~이 되다.
3) 路傍土(노방토): 길가에 있는 흙. 보잘것 없는 존재.
4) 春草(춘초): 봄철에 새로 돋은 보드라운 풀. 이 詩에서는 '풀은 봄이면 어김없이 핀다, 풀은 변함이 없다'의 뜻.

> 秋詞
> 劉禹錫
>
> 自古逢秋悲寂寥
> 我言秋日勝春朝
> 晴空一鶴排雲上
> 便引詩情倒碧霄
>
> 가을의 노래
> 유우석
>
> 예로부터 가을만 되면 사람들이 쓸쓸해 하는데
> 나는야 가을볕이 봄날보다 좋다네
> 해맑은 하늘 학 한 마리가 구름 제치고
> 내 마음의 시정 이끌어 푸른 하늘로 날아오르네

뭐니뭐니 해도 가을은 남자의 계절이다. 그것도 이삼십 대 남자의 계절이다. 이 나이 때는 가을을 많이들 앓는다.

지독스레 앓는 사람도 있다. 물론 덤덤한 사람들은 계절에 관계없이 잘 견디겠지만, 한편으로는 먹고 살기에도 빠듯한데 무슨 얼어 죽을 가을앓이냐고 하겠지만 누구는 앓고 싶어서 앓는 것이 절대 아니다. 필자의 경험담으로 보면 여름이 서서히 물러가고 9월로 접어들면 그 고질병이 슬슬 워밍업을 하는 것이었다. 그렇게 서로 신경전을 벌이다 가을비가 내리고, 그 비에 낙엽이 떨어지고 보도 위가 뒹구는 낙엽들로 황량해질 즈음, 가을앓이가 급습을 해서는 초겨울이 될 때까지 끈질기게 착 달라붙어 옴짝도 하지 않는다. 그럴 때 특효약이 있다.

하늘

하늘이 내게로 온다
여릿여릿 멀리서 온다
멀리서 오는 하늘은
호수처럼 푸르다

호수처럼 푸른 하늘에
내가 안긴다
온몸이, 온몸이……

가슴으로 스며드는 하늘
향기로운 하늘에

호흡, 호흡……

따가운 볕 초가을 햇볕으로
목을 씻고
나는 하늘을 마신다
자꾸 목말라 마신다

마시는 하늘에 내가
능금처럼 내 마음 익어요

바로 이 노래를 듣는 것이다. 양희은의 노래로도, 박두진의 시로도 널리 알려진 작품인데, 양희은의 노래가 좋은 것은 백 코러스를 넣은 서유석의 고음이 시원하게 들리기 때문이다. 물론 심하게 앓는 사람들은 이 정도 가지고는 치유가 되지 않을 수도 있다. 그럴 때는 조급하게 생각하지 말고 천천히 여유를 가지라는 것이다. 마음에 들어 있는 그 흉물을 자꾸 생각하지 말라는 것이다. 당하는 사람이야 하루하루가 힘들겠지만 어느 정도 시간이 지나면 아물어지는 것이 보통이고, 해가 갈수록 그 기간이 짧아지는 것이 순리다. 거기다 한 가지 더, 특별한 경우가 아니면 마흔이 넘으면 차츰 자취를 감추게 된다는 것이 정설이다. 극소수의 경우를 제외하고는 중년이 되면 걸리고 싶어도 걸리지 않는 것이 가을앓이이기도 하다. 그래서 가을앓이는 이삼십 대의 특권이기도 하고, 약간의 여유와 사치가 낳은 병이기도 하다. 정말 생활에 찌들고 하루 벌어 하루 먹는 사람들한테는 그나마 이런 병이 찾아오지도 않는다.

【註】
1) 自古(자고): 예로부터.
2) 逢秋(봉추): 가을을 만나면, 가을이 되면.
3) 寂廖(적료): 적막하고 쓸쓸함.
4) 勝(승): ~보다 낫다, 좋다.
5) 排雲(배운): 물리치다, 밀어내다, 제치다. 排擊.
6) 便引(편인): 끌다.
7) 碧霄(벽소): 푸른 하늘. 霄는 하늘. 雲霄(운소: 하늘, 높은 지위).

淸明
杜牧

淸明時節雨紛紛
路上行人欲斷魂
借問酒家何處有
牧童遙指杏花村

청명 호시절에
두목

청명 호시절 주룩주룩 비가 내려
길 가는 나그네도 넋을 잃은 듯하네
주막집이 대체 어딨는가 물으니
목동이 머얼리 살구꽃 핀 마을을 가리키네

동지(冬至) 후 105일째 되는 날이 한식(寒食)이고 그 이틀 뒤가 청명절(淸明節)이다. 한식날 나라에서는 종묘(宗廟)와 각 능원(陵園)에 제향(祭享)을 지내고, 민간에서도 성묘를 한다. 이날은 풍우(風雨)가 심하여 불을 금하고 찬밥을 먹는다고도 하고, 진(晋)의 현인(賢人) 개자추(介子推)에 얽힌 일화도 있다. 이 두 명절은 춘추(春秋)시대 진(晋)의 문공(文公)인 중이(重耳)가 개자추를 애도한 데서 비롯되었다고 한다. 중이가 왕위에 오르기 전 다른 나라를 전전하다가 굶주림을 견디지 못하고 쓰러지자 신하였던 개자추가 자신의 허벅지 살을 베어 중이에게 삶아 주었다. 그후 중이는 왕위에 올라 진의 문공이 되었는데 그만 개자추에 대한 포상을 잊어버렸다. 굳이 자신의 공을 내세우기 싫었던 개자추는 어머니와 함께 깊은 산에 은거했다. 이 사실을 알게 된 중이는 신하들을 시켜 산에 불을 놓게 했다. 효자로 소문난 개자추가 어머니를 위해서라도 산에서 내려올 것이라 생각을 한 것이다. 그러나 개자추 모자는 중이의 기대와는 다르게 커다란 버드나무를 끌어안고 불에 타 죽었다. 그 버드나무 구멍 속에는 앞으로 정치를 청명(淸明)하게 해 달라는 내용의 혈서가 남아 있었다. 문공은 눈물을 흘리며 뒤늦게 탄식을 했고, 개자추를 추모하기 위해 산에 불을 놓은 그날을 '한식'으로 정하고, 이날만은 불을 피우지 말고 찬밥을 먹도록 했다. 이러한 전통이 확산되어 당·송대 이후부터는 한식에서 청명절까지의 3일 동안 성묘를 하고 조상을 애도하게 되었다.

【註】
1) 淸明(청명): 24節氣 중 다섯 번째. 양력 4월 5일 또는 6일에 해당한다. 民間에서는 이날 省墓를 한다.
2) 紛紛(분분): 뒤숭숭하고 시끄러움, 여러 사물이 한데 뒤섞이어 어수선함, 여러 가지로 의견이 다름, 비가 구질구질하게 내림.
3) 欲斷魂(욕단혼): 정신이 흐미해지다, 깊은 시름에 잠기다, 넋이 빠지다, 어쩔 줄 모르다.
4) 借問(차문): 묻다.
5) 何處有(하처유): 어디에 있는가, 어디쯤인가.
6) 遙指(요지): 멀리 가리키다, 저만치 가리키다. 遙遠.
7) 杏花村(행화촌): 安徽省 貴池縣 秀山門 밖에 있는 地名. 보통명사로 '살구꽃 핀 마을'로 풀어도 무방하다.

春日晏起
韋莊

近來中酒起常遲
臥見南山改舊詩
開戶日高春寂寂
數聲啼鳥上花枝

봄날에 늦게 일어나
위장

근자에 술에 취해 일어나는 것이 늘 늦어
누워 남산을 바라보며 시를 다듬네
문을 여니 해는 높이 떠 있고 봄은 적막한데
꽃과 가지 위에서 새 우는 소리 들리네

하루 아침

하루 아침 눈뜨니 기분이 이상해서

시간은 11시 반, 아~ 피곤하구나

소주나 한 잔 마시고 소주나 두 잔 마시고

소주나 석 잔 마시고 일어났다

할 일도 하나 없이 갈 데도 없어서

뒤에 있는 언덕을 아~ 올라가면서

소리를 한 번 지르고 노래를 한 번 부르니

옆에 있는 나무가 사라지더라

배는 조금 고프고 눈은 본 것 없어서

명동에 들어가 아~ 국수나 한 그릇 마시고

빠 문 앞에 기대어 치마 구경하다가

하품 네 번 하고서 집으로 왔다

방문을 열고 보니 반겨 주는 빈대 셋

안녕하세요 주인님 그간 오래간만이요, 하고 인사를 하네

소주나 한 잔 마시고 소주나 두 잔 마시고

소주나 석 잔 마시고 눈을 감았다

　　　우리 나라 포크 음악의 기수였던 한대수의 노래다. 이 가사가 오리지널 버전인데 한대수 자신도 가사를 일부 바꿔서 부른 것이 있고, 〈라구요〉로 유명한 강산에가 가사를 수정·추가해서 불렀다. 이 노래가 세간에 알려진 것은 순전히 강산

에 덕분이었다. 한대수야 이미 1970년대에 미국으로 건너갔고, 유신독재 시절 그의 노래 대부분은 금지곡이었다. 해서 우리는 〈물 좀 주소〉, 〈행복의 나라〉 같은 대단한 노래를 더 이상 방송에서 들을 수가 없었다.

더군다나 이 노래는 그래도 명색이 새마을공화국인데 소주, 빠, 빈대 등의 저속한(?) 가사가 나오니 검열 당국자들한테 걸리지 않을 수가 없었을 것이다. 강산에가 새로 부른 버전에도 명동이 광복동으로, 빈대가 개미로 바뀌어져 있다.

금지곡이 어디 우리 가요뿐이랴. 포크 계열의 숱한 외국곡들도 철퇴를 맞아서 한동안 방송에서는 들을 수가 없었다. Joan Baez, Bob Dylan, Peter·Paul & Mary를 비롯해서 하드 락·헤비 메탈 계열의 노래도 들을 수 없었다. 그야말로 암흑기가 따로 없었다.

【註】
1) 晏起(안기): 늦게 일어나다. 晏眠(안면: 아침 늦도록 잠을 잠).
2) 中酒(중주): 술에 만취하다, 숙취하다, 술 가운데 있다.
3) 遲(지): 늦다, 더디다. 遲刻.
4) 南山(남산): 산 이름.
5) 改舊詩(개구시): 전에 쓴 詩를 손보다, 묵은 詩를 고치다.
6) 開戶(개호): 문을 열다.
7) 數聲(수성): 약간의 소리, 서너 너덧의 소리. 새 몇 마리가 지저귀는 소리를 말한다.

> 夏意
> 蘇舜欽(宋)
>
> 別院深深夏簟淸
> 石榴開遍透帘明
> 松陰滿地日當午
> 夢覺流鶯時一聲
>
> **여름날에**
> 소순흠(송)
>
> 별당 깊숙한 곳 돗자리도 시원한데
> 석류꽃 활짝 펴 주렴 건너에서도 눈이 부시다
> 한낮 마당에 소나무 그림자 가득한데
> 낮잠 자다 꿈결에 꾀꼬리 울음소리 듣는다

석류의 계절

밤이 지나고 햇살이 부실 때

빨간 알알의 석류는 웃는데

차가운 별 아래 웃음이 지면서

메마른 가지에 석류 한 송이

가을은 외로운 석류의 계절

그늘 지나고 햇살이 부실 때

빨간 알알의 석류는 웃는데

바람이 지면서 낙엽이 지면서

메마른 가지에 석류 한 송이

가을은 외로운 석류의 계절

1970년대 초 정은숙이 불러서 인기를 모았던 노래다. 그 당시만 해도 서울에서도 가을이면 석류를 제법 볼 수 있었는데 요즘은 정말 본 기억이 까마득하다. 한옥이든 양옥이든 단독주택이 아파트에 밀리면서 우리는 많은 정겨운 것들을 잃은 것 같다. 장독대, 수세미, 나팔꽃, 채송화, 펌프, 우물, 마당, 화단, 개, 숨바꼭질, 대청마루, 가마솥, 골목 안 풍경…….

골목 안에는 참으로 많은 풍경들이 자리하고 있었다. 동네 꼬마들은 모여서 딱지치기, 구슬치기, 비석치기, 땅따먹기, 뽑기를 했고, 조금 더 큰 아이들은 축구도 하고, 고무공을 가지고 어설픈 야구도 했다. 그러다 애들끼리 싸움이 나면 툭탁거리고, 금세 한 아이가 울고, 엄마들이 몰려 나와 서로 역성을 들다 어른 싸움으로 번지고, 그러다 잠시 뒤면 또 언제 그랬냐는 듯이 히히덕거리고들 했다.

떡을 하거나 무슨 음식을 하면 이웃집에도 돌리고 그랬다. 가난한 살림에도 지금보다는 훨씬 여유가 있었던 것 같다.

정부에서는 미신 타파니 뭐니 해서 질색을 했지만 그때는 굿도 많이 했고, 고사도 자주 올렸다. 고사가 끝나면 애고 어른이고 떡 돌리기에 바빴다. 그렇게 십시일반으로 음식도 나누고 정도 나누었다. 시골뿐 아니라 서울에서도 품앗이를 많이 했다. 길흉사가 생기면 서로 팔을 걷어 붙이고 도와주었다. 끝나면 음식을 나눠 줘서 한걸음에 집에 가지고 가서 식구들과 나누어 먹었다.

늘 춥고 배고팠지만 마음은 넉넉했던 그 시절이 그립다.

【註】
1) 別院(별원): 별당.
2) 深深(심심): 깊숙하고 어두침침한, 깊고 깊은.
3) 夏簟(하점): 여름에 방이나 마루에 까는 대나무 돗자리.
4) 開遍(개편): 다 피다, 활짝 피다. 遍在(↔偏在).
5) 透帘(투렴): 주렴을 통과하다, 통하다, 스며들다. '帘'은 술집 기 '렴'. 옛날 중국에서 酒幕을 표시하는 데 푸른 기를 꽂았었다.
6) 當午(당오): 태양이 正南에 옴. 正午.
7) 夢覺(몽각): 꿈결에 듣다, 느끼다.
8) 流鶯(유앵): 나무 사이를 날아다니는 꾀꼬리.
9) 時一聲(시일성): 때때로 한 번 울다, 가끔씩 한 번 울다.

溪居
裵度

門徑俯淸溪
茅簷古木齊
紅塵飛不到
時有水禽啼

시냇가에 살며
배도

문 앞으로 난 길은 맑은 계곡을 굽어보고
초가 지붕의 처마는 고목과 나란하네
세속의 먼지는 날아오지 못하고
때때로 물새가 운다

먼지가 되어

바하의 선율에 젖은 날에는

잊었던 기억들이 피어나네요

바람에 날려간 나의 노래도

휘파람 소리로 돌아오네요

내 조그만 공간 속에 추억만 쌓이고

까닭 모를 눈물만이 아롱거리네

작은 가슴을 모두 모두어

시를 써봐도 모자란 당신

먼지가 되어 날아가야지

바람에 날려 당신 곁으로

이윤수라는 가수가 부른 노래다. 애석하게도 이 노래 뒤로는 히트곡이 없어 이 가수를 더 볼 기회가 없어 아쉽다. 어디 한 곡 히트한 뒤 무대 뒤로 사라지는 가수가 한둘일까마는 댄스곡에 밀려 시들해지는 발라드나 락 가수들을 보면 안타깝다. 요즘 가요계가 불황인 것도 따지고 보면 다양성이 부족한 데서 오는 당연한 결과다. 이건 모두의 책임이다. 방송사, 제작자, 매니저, 가수들, 중·고등학생을 비롯한 가요 청취층들 모두의 책임이다.

각설하고, 이 노래가 처음 나왔을 때 희한하다는 생각마저 들었다. 이런 제목의 노래도 나올 수 있구나 하는 의아심도 있었다. 이와는 대조적으로 먼지를 노래한 곡으로는 훨씬 이전인 1978년에 발표되었던 팝 그룹 Kansas의 〈Dust in the wind〉도 있다.

I close my eyes

Only for a moment

And the moment's gone

All my dreams pass

Before my eyes a curiosity

Dust in the wind

All they are is dust in the wind

Same old song

Just a drop of water in an endless sea

All we do

Crumbles to the ground

Though we refuse to see

Dust in the wind

All we are is dust in the wind

Don't hang on

Nothing lasts forever but the earth and sky

It slips away

All your money won't another minute buy

Dust in the wind

All we are is dust in the wind

Dust in the wind

Everything is dust in the wind

꿈과 노래와 우리가 행하는 그 모든 것들도 다 바람에 흩날리는 먼지와 같은 존재라는 것, 땅과 하늘 외에는 영원한 것은 아무것도 없으니까 집착하지 말라고, 우리 모두는 바람에 흩날리는 먼지와 같은 존재라고 다소 철학적인 주제를 노래하고 있은 이 곡은 엄청난 인기를 끌었다. 지금도 한국인의 팝 애창곡을 꼽으라면 이 곡이 상위권에 속할 것이다. 대학 시절 듣던 이 곡을 지금 들어도 크게 변한 것은 없다. 오히려 정신은 퇴보하지 않았나 싶다. 그 당시는 그래도 치열하고, 정열이 있었고, 진지했었는데 이제는 나이 탓인지 게으르고, 뭉툭하고, 소극적이다.

하기는 우리가 그 동안 들었던 그 많은 노래들의 자양분은 다 어디로 간 것일까? 읽었던 수많은 책들의 인생과 자연에 대한 참된 가르침은 또 어느새, 어디로 다 빠져 나간 것일까?

먼지가 되어 당신 곁으로 가는 것이나, 인생은 다 먼지와 같은 존재라는 것이나 결국은 같은 의미가 아닌가 싶다. 어차피 인생은 한 줌의 흙으로 돌아가는 것을…….

【註】
1) 門徑(문경): 문 앞에 있는 길. 문 앞으로 난 길.
2) 俯(부): 구부리다. 엎드리다. 굽어보다. ↔仰.
3) 茅簷(모첨): 초가 지붕의 처마. 茅屋.
4) 齊(제): 가지런하다. 나란하다.
5) 紅塵(홍진): 번화한 곳에서 일어나는 티끌. 세상의 번거로운 일. 또는 속세.
6) 飛不到(비부도): 날아서 도달하지 못하다. 날아오지 못하다. 깊은 산중에 세속의 먼지가 어떻게 닿겠는가.
7) 時有(시유): 때때로.

> 牧童
> 呂巖
>
> 草鋪橫野六七里
> 笛弄晚風三四聲
> 歸來飽飯黃昏後
> 不脫蓑衣臥月明
>
> 저 목동은
> 여암
>
> 풀이 깔린 너른 들 6, 7리
> 저녁 바람에 서너 가락 피리를 부네
> 돌아와 해가 진 뒤에는 배불리 밥을 먹고
> 도롱이도 벗지 않고 밝은 달 아래 누웠네

워낙에 술을 좋아하는지라 저녁 늦게까지 술자리에 어울리다 보면 귀가 시간이 늦기 일쑤다. 요즘이야 통금이 없어진 지 오래라 택시만 잘 잡아 타고 집까지 찾아오면 별 문제가 없다. 하기는 나이가 조금씩 들자 당연히 술 먹는 횟수도 전보다 훨씬 줄고, 마시는 양도 많이 줄었다. 그래도 전보다 훨씬 일찍 취하고, 어릴 때 비 내리는 국산영화를 자주 봐서 그런지 가끔씩 기억—술꾼들은 필름이라고 한다—이 끊기고, 비까지 내려 다음날 아침 그 희미한 기억 저편으로 지난밤의 작태를 반추하느라 애를 먹기도 한다.

집에 와서 문제는 씻는 것이다. 평소에 깔끔을 떠는 성미라 어지간히 취하지 않으면 양치질과 샤워는 대충 하고 자는데 술이 아주 엉망으로 취하면 양치질만 하고 쓰러져 눕는다. 물론 나머지 잔해 처리는 아내 몫이다. 술 마시고 들어와서야 그렇다 치고 가뭄에 콩 나듯 일찍 들어오면 저녁 먹기가 무섭게 잠이 쏟아져 TV 앞에서 맥을 못 쓴다. 그럴 때 그냥 자면 될 것을 양치질하고 씻고 잔다고 화장실을 다녀오면 잠이 싹 달아나기 일쑤다. 그렇게 맨정신에 한두 시간을 멀쩡하게 지낼 때 바로 이런 시가 생각나고 부럽기까지 하다.

'돌아와 해가 진 뒤에는 배불리 밥을 먹고, 도롱이도 벗지 않고 밝은 달 아래 누웠네'. 이 얼마나 한가한 심사인가. 벗고 닦을 것도 없이 달을 벗삼아 누워 있으면 스르르 잠이 들 것은 너무나도 자명하다. 이렇게만 된다면 밥이 살이 되고, 잠이 보약이 될 것은 틀림없다.

그래서 가끔 친구들끼리 낚시를 가거나 야유회를 가면 늦게까지 술을 마시다 다들 그 자리에서 그냥 누워 잔다. 그러면 다음날 뒤끝도 깨끗하고 골치도 안 아프다.

이래저래 그놈의 도회지 생활 때문에 갈수록 피곤하고, 찌들고, 마음에 여유도 없어져만 간다. 언제나 밝은 달 아래 배불리 밥 먹고 도롱이도 벗지 않고 누우려나. 언제나 그런 마음의 여유가 생길까.

【註】
1) 草鋪(초포): 풀이 깔리다, 풀이 펼쳐 있다. 鋪裝.
2) 橫野(횡야): 가로지른 들, 넓은 들.
3) 笛弄(적농): 피리를 불다.
4) 飽飯(포반): 배불리 먹음. 飽食.
5) 蓑衣(사의): 도롱이. 簑笠.

游鍾山
王安石(宋)

終日看山不厭山
買山終待老山間
山花落盡山長在
山水空流山自閑

종산에서 노닐며
왕안석(송)

종일토록 산을 봐도 산이 싫지가 않아
산을 사서 늙어 죽을 때까지 산에서 살리라
산에 핀 꽃 다 져도 산은 늘 그대로이고
계곡물 부질없이 흘러가도 산은 마냥 한가롭구나

산사람

어려서도 산이 좋았네

할아버지 잠들어 계신 뒷산에 올라가

하늘을 보면 나도 몰래 신바람났네

젊어서도 산이 좋아라

시냇물에 발을 적시고

앞산에 훨훨 단풍이 타면

산이 좋아 떠날 수 없네

보면 볼수록 정 깊은 산이 좋아서

하루 또 하루 지나도 산에서 사네

늙어서도 산이 좋아라

말없이 정다운 친구

온 산에 하얗게 눈이 내린 날

나는 나는 산이 될 테야

나는 나는 산이 될 테야

주로 자연을 노래하는 가수 이정선이 불러서 우리 마음을 시원하고 탁 트이게 해주었던 노래다. 이것은 한 편의 자연 예찬시다. 시가 뭐 특별한 것인가. 노래하면 다 시가 되는 것이 아닌가. 미국의 시인 Henry Wadsworth Longfellow도 대자연의 목가적인 풍광을 노래한 시로 유명하고, 애석하게도 비행기 사고로 죽은 가수 John Denver도 자연을 노래해서 문명과 도시와 소음과 공해에 찌들린 현대인들을 위무해 주었다.

우리 나라에도 자연과 전원과 시골을 노래한 가수들이 많다. 논두렁 밭두렁, 가람과 메, 김태곤, 둘 다섯, 산이슬, 정태춘, 강병철과 삼태기 등이 그렇다. 그런데 한 가지 아쉬운 것은 예전에는 민요 가수들은 비교적 수명(?)이 오래 갔던 데 비해서 전원파 가수들은 상대적으로 단명했다는 점이다. 해체, 이합집산, 사고 등으로 그렇게 됐지만 듣는 사람들의 책임도 크다. 요즘은 댄스에 푹 빠져 산다고 나이 든 사람들이 혀를 차지만 그러는 자기네는 너무 트로트와 민요에만 푹 절어 살지 않았던가.

예나 지금이나 음식뿐만이 아니라 독서, 음악, 영화도 너무 편식하면 안 좋은 법이다. 이젠 음악만이 아니라 영화판까지 편식이 판을 친다. 양적으로만 팽창한 한국영화가 걱정이다.

【註】
1) 鍾山(종산): 산 이름.
2) 不厭(불염): 싫지 않다, 질리지 않다.
3) 買山(매산): 산을 사다. 얼마나 산이 좋으면…….
4) 終待老(종대로): 늙어 죽을 때까지. 待年(대년: 나이가 들기를 기다림).
5) 山長在(산장재): 산은 오래도록 그대로이다. 長久.
6) 空流(공류): 헛되이 흐르다, 부질없이 흐르다.
7) 山自閑(산자한): 산이 마냥 한가롭다. 李白의 「山中問答」에 보면 '心自閑' 이란 표현이 나온다. 마음이 우물이면 우물만큼 보이고, 보름달이면 보름달만큼 보이는 법.

> 寒江獨釣圖
> 唐肅(元)
>
> 非爲投竿爲好奇
> 江寒凍折釣翁髭
> 緣知雪壓篷牕曉
> 不載漁歸只載詩
>
> **추운 강에서 시를 낚아 오는 선비**
> 당숙(원)
>
> 낚시하자는 게 아니고 호기심 때문인데
> 겨울 강 추위에 수염이 꽁꽁 얼어붙었네
> 봉창에 쌓인 눈으로 날 밝은 것 알았거니와
> 고기는 싣지 않고 대신에 시만 싣고 오네

대학에 다닐 때부터 낚시를 다녔으니 햇수로 따지면 25년이 넘어 이제는 어느 정도 수준급에 들어야만 하나 실상은 그렇지가 않다. 아마 늘 풀어진 마음으로 다녀서 그런 것이 아닌가 싶다. 가서 잡히면 잡히는 대로 매운탕을 끓여 먹고 안 잡히면 또 안 잡히는 대로 근방에서 장만한 찌개거리로, 그도저도 없으면 라면으로 술안주를 삼았으니 그럴 수밖에 없다.

사람은 같이 노름을 해봐야 품성을 알 수 있다고 했는데 낚시도 마찬가지다. 1박 2일 예정으로 갔다가 안 잡히면 그냥 일행은 철수를 하는데 꼭 더 남아서 몇 마리라도 잡아야 직성이 풀리는 사람들이 있다. 그렇다고 그런 사람들이 매운탕을 좋아하거나, 술을 좋아하거나 남한테 과시하려고 그러는 것도 딱히 아니다.

그게 바로 사람들의 어쩔 수 없는 승부욕이라는 걸 나중에야 알았다. 어디 낚시뿐이랴. 바둑을 둬도 한두 판이면 승부에 관계없이 손을 털고 일어나는 사람이 있는가 하면 꼭 자신이 이길 때까지 두자고 하는 사람이 있고, 적당히 판세를 봐서 돌을 던지는 사람도 있는 데 반해서 차이가 꽤 나는데도 상대방의 실수를 바라고 그러는지 끝까지 계가로 가는 사람도 있고, 화투를 쳐도 시간을 정해서 치는 사람이 있는가 하면, 잃고 따는 돈보다는 남한테 지기 싫어서 밤이 새도록 물고 늘어지는 사람도 있다. 거기에 한술 더 떠서 무슨 일이건 내기를 걸어야, 그것도 큰돈도 아니고 꼭 얼마씩이라도 걸어야 직성이 풀리는 사람이 있다. 그게 본인의 인생에 있어서는 자신의 인생이니까 그런 대로 봐 넘길 수도 있는데 식구들한테까지 그러면 정말로 피곤하다. 자식이 시험을 잘 못 봤다거나, 시험에 떨어지기라도 하는 날이면 집안에서야 잘 모르겠지만 밖에 나오면 금세 표가 난다. 그러니 공연히 주위 사람들까지 영 죽을 맛이다. 그런 상사가 있는 직장은 구성원들이 늘 좌불안석일 것이다.

제5부 초탈과 유유자적 155

물론 사람이 살아가는 데 있어 적당히 승부욕이 있는 것은 중요하다. 더구나 요즘 같은 경쟁사회에 있어서는 더욱 그러하다. 하지만 정도라는 것이 있다. 한 사람의 지나친 승부욕은 들러리를 서야하는 많은 사람들을 힘들게 만든다.

각설하고 낚시로 화제를 돌리자. 모처럼 바람 쐬러 나가서 저수지와 강과 바다를 둘러보면서 한번 호연지기도 키우고, 같이 간 사람들과 소줏잔도 기울이다 보면 일상의 번잡과 찌들음을 다 벗어던지고 올 수 있을 텐데 그러지 못하는 사람들이 딱할 뿐이다.

낚시는 고기만 낚으러 가는 것이 아니다. 시간도 낚고, 술도 낚고, 초탈도 낚고, 인정도 낚으러 가는 것이 낚시다.

【註】
1) 寒江(한강): 추운 강, 겨울 강.
2) 投竿(투간): 낚시하다. 釣竿(조간: 낚싯대).
3) 凍折(동절): 얼어붙다. 꽁꽁 얼다.
4) 髭(자): 코밑 수염.
5) 緣知(연지): ~한 연유로 알다. ~때문에 알게 되다.
6) 雪壓(설압): 눈이 내려 누르다, 눈이 쌓이다.
7) 篷牕(봉창): 뜸(대오리·띠·부들 같은 것을 엮어 배·수레 등을 덮는 거적 비슷한 물건)을 씌운 고깃배의 창.
8) 載(재): 싣다. 積載.

> 夜泊
> 周密(宋)
>
> 月沉江路黑
> 傍岸已三更
> 知近人家宿
> 林西犬吠聲
>
> **하룻밤 묵으러 가는 길에**
> 주밀(송)
>
> 달이 지자 강변길이 칠흑같이 어두워지고
> 강 언덕을 따라가다 보니 삼경이 다 되었네
> 머무를 만한 집이 근처에 있는지
> 숲속 저만치서 개 짖는 소리 들리네

예전에는 왜 그리 개들이 많았는지 모르겠다. 동네 골목길에서 놀다 보면 애들이 반, 개들이 반이었다. 또 지금 생각하면 우스운 얘기지만 그놈의 개들은 걸핏하면 붙었다―이 표현은 그 당시 들었던 동네 아줌마들의 표현인데 더 이상의 거시기는 없는 듯하다―. 그러면 아이들은 영문도 모르고 주위에 몰려서 난리들을 쳤는데 꼭 극성맞은 아줌마가 나와서 몽둥이 아니면 뜨거운 물을 부어서 붙은 개들을 떼어 놓곤 했다. 그리고 나면 우리들의 놀던 열기도 식고, 이상야릇한 쾌감(?)도 식고 해서 다들 집으로 해산이었다.

개들은 낮에 그렇게 뛰어 놀고도 밤잠도 없는 모양이었다. 밤이 좀 늦은 시간에 동네 아저씨가 술에 취해 노래라도 부르며 언덕을 오르노라면 이 집 저 집에서 개들이 짖어댔다. 처음에는 잠귀가 밝은 놈이 혼자 컹컹 짖어대다가 한 놈 두 놈 가세를 하면 나중에는 온 동네 개들이 다 짖는지 시끄러워서 잠을 잘 수가 없었다. 그러다 어느 집주인이 자기네 개를 발로 차든지 뭐라도 집어 던져 한 마리가 깨갱이라도 하는 날이면 또 다들 잠잠해지는 것이었다.

그때는 왜들 그렇게 집집마다 개들을 키웠는지 모르겠다. 못 살던 때라 도둑이 많아서 그랬는지, 하도 먹을것이 없어 여름에 몸보신하려고 키웠는지, 사람 먹을것도 별로 없는 시절이었지만 그래도 남은 음식찌꺼기 치우느라 그랬는지 잘 모르겠다.

우리 집에서도 두세 마리는 키웠다. 처음에는 동물을 싫어하시던 어머니가 난색을 표하셨는데 집도 잘 지키고, 남은 음식도 잘 해치우고, 무엇보다도 주인이 나갔다 돌아오면 꼬리를 흔들며 반갑게 맞는 바람에 정이 들어 그랬는지 나중에는 어머니가 더 애지중지 키우셨던 것 같다.

그랬는데 나중에 집을 옮기느라 한 마리 한 마리 처분했는데 그런 날이면 온 가족이 침통해 하는 바람에 며칠 동안 집안 분위기가 어수선했다.

개들한테는 미안한 소리지만 자고로 개고기는 구황식품이었고, 왕가에서도 나이 드신 분들을 위해서 구증육을 마련했다는 문헌도 있다. 정조가 어머니 회갑을 맞아 화성을 다녀올 때 경의왕후(敬懿王后: 혜경궁 홍씨)의 상에 올린 음식에 보면 구증육이 올랐음을 알 수 있다. 그러던 것을 올림픽 치르느라고 외국 동물보호단체가 '개고기 운운' 하는 바람에 개고기 값만 올리고, 개고기 먹는 사람들을 색안경을 쓰고 보는 것이 별로 유쾌하지 못하다.

각설하고 요즘 같은 아파트 시대에는 개들이 점점 갈 곳이 없게 되었다. 얌체족들이야 아파트에서도 성대 수술시켜 가면서 애완견을 키우는데 서로간에 못 할 짓이다.

【註】
1) 月沉(월침): 달이 기울다, 지다. '沉'은 '沈'과 同字.
2) 傍岸(방안): 언덕 가, 강기슭 가.
3) 三更(삼경): 밤 11시에서 1시 사이.
4) 知近(지근): 근처에 있음을 알다.
5) 林西(임서): 숲 서쪽. '西' 자에 신경 쓰지 말고 그냥 '숲속 저만치서'로 푸는 것이 낫다.
6) 犬吠聲(견폐성): 개 짖는 소리.

> 山中示諸生
> 王守仁(明)
>
> 溪邊坐流水
> 水流心共閒
> 不知山月上
> 松影落衣斑
>
> 산에서 제자들에게 이르노니
> 왕수인(명)
>
> 시냇가에 앉아서 흘러가는 물 바라보니
> 흐르는 물 따라 내 마음도 덩달아 한가롭네
> 산 위에 달이 뜬 줄 몰랐는데
> 소나무 그림자 옷자락을 얼룩지게 하네

얼마 전 Brigitte Bardot라는 프랑스 여배우가 우리 나라 사람들이 개고기를 먹는다고 야만이니 미개니 하고 떠든 적이 있다. 88 서울올림픽을 앞두고도 그랬다. 지네들이 아프리카나 인도, 중남미에서 죽인 동물들이 과연 얼마인가. 또 그 전에는 Jimmy Carter 미국 대통령이 박 정권 시절 우리 나라에 인권이 없다고 흉본 적이 있다. 지네 나라에서는 유색인종을 끔찍 이도 차별하는 것들이 남의 나라에 인권이 없다고 흉을 보다니, 정말 웃기는 것들이다. 온갖 못된 짓들은 저희들이 다 해놓고 남이 조금만 뭐 하면 간섭이고 흉이다. 아직도 서구문명을 칭송하고, 그네들에 무비판적인 어리석은 사람들을 위해 한 마디 한다.

아프리카와 중남미와 아시아 여러 나라들이 서구 열강에 의해 무참히 침략당하고 굴종의 역사를 걸어가는 과정을 살펴보면 시시비비는 자명해진다. 비록 문명의 혜택은 덜 받았지만 여러 대륙들에서 살고 있던 거주자들과 원주민들은 나름대로 잘 살고 있었다. 서로의 종교와 도덕과 생활규범을 가지고 미풍양속을 지키며 화목하게 살았다. 그러던 것이 제국주의 열강이 식민지 건설을 목적으로 각 대륙마다 침략의 손길과 발길을 무지막지하게 뻗치는 바람에 힘없는 민족들은 하나 둘씩 굴종과 동화와 멸망의 수순을 밟아야만 했다. 열강의 침략 수법은 간단했다. 선교라는 허울을 쓰고 선교사들이 먼저 들어오고, 다음에 상인들이 와서 별의별 물건들로 사람들을 유혹해서는 부정과 부패로 나락으로 빠트리고, 마지막으로 군대가 들어와서 이미 세뇌되고 물질의 노예가 되어 버린 미개한 자들을 무자비하게 밀어붙이면 그것으로 식민지 정복은 끝이었다. 그런 식으로 해서 서구 열강은 아메리카, 아프리카, 아시아의 수많은 나라와 그 민족들을 문명이라는 미명하에, 서구화라는 구호 아래, 선교라는 허울 아래, 교역이라는 사탕발림으로, 어두운 과거를 청산하고 밝은 미래를 건설하자는 억지 속에 가두어 놓고 온갖 압제와 질곡과 수탈과 만행과 미개한 짓들을 서슴지 않았던 것이다. 차라리 그런 상황 아래서라면 그들이 달콤하게 꼬드겼던 문명과 서구화와 개발이라는 것은 안 하느니만 못했다. 핏줄들은 다 뿔뿔이 흩어지고, 대지는 척박해지고, 인심은 사나워지고, 미풍양속은 이질화되어진 마당에 문명과 서구화와 개발은 다 허울뿐이었다. 속 빈 강정에 지나지 않았다. 아주 극단적인 예로 아프리카를 예로 들어 보자. 과연 얼마나 많은 숫자가 제국주의 침략에 대항해 싸우다가 숨져 갔는지, 그 패배의 와중에서 그 얼마나 무자비하고 잔혹하게 이 대륙 저 대륙으로 노예로 끌려갔는지, 식민지 건설이라는 명목 하에 또 얼마나 많은 형제·동료가 개죽음을 당했는지 그 많은 세월이 흘렀어도 우리는 모른다. 과연 그러한 엄청난 희생과 값비싼 대가를 치른 아프리카 여러 나라들이 문명화되었는지, 서구화되었는지, 개발되었는지 우리는 모른다. 단지 우리가 알 수 있는 것은 진정한 의미에서의 역사의 진보는 단 한 걸음도 이루어지지 않았다는 사실이다. 그것은 아프리카의 어제와 오늘을 살펴보고 내일을 미루어 짐작해 보면 분명하다. 서구는 더 문명화되었지만 아프리카는 더 아프리카적이 되지도 못했고, 그렇다고 진보적인 문명화도 이루어지지 않았다. 가장 나쁜 의미의 추악하고, 퇴폐적이고, 퇴보적인 서구화가 겉으로만 살짝 이루어진 셈이었다. 그런 사정은 다른 대륙의 여러 나라들도 마찬가지였다. 중남미와 아시아 대륙의 여러 후진국—여기서 말하는 후진국이라는 것은 당연히 서구 백인들의 잣대로 잰 의미에서의 개념을 말한다—들도 사정은 마찬가지라고 할 수 있다. 그 나라들은 약간의 문명과 개발의 혜택을 받은 대신 너무나도 엄청난 희생을 치러야 했다. 그런 의미에서 서구 열강을 제외한 다른 나라와 민족은 다 역사의 음이요, 피해자라고 할 수 있다. 물론 서구 열강은 역사의 양이요, 수혜자다. 이것이 바로 지구상에서 이루어져 온 역사다. 철저히 서구인들의 시각과 관점에서 보고 만들어지고 쓰여진 역사다. 한 마디로 왜곡과 날조의 역사다. 언젠가는 반드시 수정되어야 할 역사다. 지구상에 정의는 과연 살아 있는가.

【註】
1) 示(시): 보이다, 이르다, 알리다.
2) 諸生(제생): 제자.
3) 溪邊(계변): 시냇가.
4) 心共閒(심공한): 마음도 같이 한가롭다, 덩달아 여유롭다.
5) 落衣斑(낙의반): 옷에 떨어져 얼룩지다, 옷자락에 얼룩이다. 斑點.

> **冬夜**
> 黃景仁(淸)
>
> 空堂夜深冷
> 欲掃庭中霜
> 掃霜難掃月
> 留取伴明光
>
> **겨울밤에**
> 황경인(청)
>
> 텅 빈 집 밤이 되니 더욱 썰렁해져
> 뜰에 내린 서리나 쓸어 볼까 했는데
> 서리는 쓸겠는데 달빛은 쓸어내기 힘들어
> 달빛과 어울리게 그대로 남겨 두었네

상강(霜降)은 글자 그대로 서리가 내림을 뜻하기도 하고, 24절기의 열여덟 번째 절기를 뜻하기도 한다. 양력 10월 22~23일경(음력 9월 중)에 들며 대체로 이때부터 서리가 내리기 시작한다.

사람들을 보면 잘 변하는 사람들이 있고, 영 변하지 않는 사람들도 있다. 변한다는 것은 상대적인 것이어서 좋을 때도 있고, 그렇지 않을 때도 있다. 인간은 사회적 동물이라 적당히 바뀌면서 살아야 하지만 너무 자주 변하는 사람, 카멜레온 같은 사람은 문제가 있지 않나 싶다.

내면이든 외면이든 좋은 것은 끝까지 간직하거나 밀고 나가고, 좋지 않은 것은 적당한 기회에 적당한 시기에 바꾸는 것이 좋다. 속마음은 시커먼 사람이 겉만 번지르르하게 다니는 것도 문제고, 내면에만 신경을 쓰고 겉으론 아예 신경을 끊는 것이 괜찮던 시대는 지났다. 개성시대에 안팎으로 적당히 변화를 주고 사는 것도 괜찮을 성싶다.

백일홍

잊혀질 것 같지 않던 기쁜 일들도
가슴속에 맺혀 있던 슬픈 일들도
모두 다 강물에 떠내려간 잎사귀처럼 가고
백일홍 핀 꽃밭에서 들리는 건 어린아이 피아노 소리
사라지는 건 사라지도록
잊혀지는 건 잊혀지도록
언제나 피고 지는 꽃들 사이를

걸을 수만 있다면……

울먹이며 돌아서는 너의 모습도
웃으면서 다가오던 너의 모습도
모두 다 희미하게 바랜 옛 그림들처럼 가고
백일홍 핀 꽃밭에서 보이는 건 꿀을 빠는 흰 나비 한 쌍
사라지는 건 사라지도록
잊혀지는 건 잊혀지도록
언제나 오고 가는 사람 사이를
걸을 수만 있다면……

 이 노래는 영원한 청년가수 김창완이 불렀다. 미안한 소리지만 이 노래를 들어 보지도 못했고, 부르는 걸 보지도 못했다. 실은 개인적으로 친해서 발문(跋文)을 부탁하는 와중에 매니저 지명옥 얘기가 예전에 한시(漢詩)를 번역해서 불렀다길래 자료를 갖다 달랬더니 지은이도 모르고 제목도 모른단다. 그저 몇 구절 마음에 들어서 이 노래의 모티브만 삼았다는 것이다. 그러니까 이 노래는 어디가 창작이고 어느 부분이 모티브가 되었는지 아무도 모른다.
 각설하고, 김창완은 정말 변하지 않는 가수다. 요즘은 하도 TV에

자주 나와서 가수라기보다 만능 엔터테이너라고 해야 옳다. 그와 만난 지도 15년이 훨씬 넘었는데 처음과 한결같다. 사람도 그렇고, 말도 그렇고, 행동도 그렇고, 술 좋아하는 것도 그렇다. 예전에 같이 일했을 때 "창완이 형, 방송가에서 프로그램 같이하는 MC·DJ 하고 PD가 한 팀이 돼서 술시합 하면 모르긴 해도 우리가 1등할 걸?" 하면서 웃은 적이 있다. 나는 변하지 않는 김창완이 좋다. 그가 60이 되고 70이 지나서도 노래를 부르고, 연기를 하고, 진행을 했으면 좋겠다.

【註】
1) 空堂(공당): 텅 빈 집, 아무도 없는 집.
2) 欲掃(욕소): 청소하려 하다, 쓸고자 하다.
3) 庭中霜(정중상): 뜰에 가득 내린 서리.
4) 難掃(난소): 쓸기 어렵다, 치우기 어렵다.
5) 留取(유취): 머무르게 하다, 그대로 두다.
6) 伴(반): 짝이 되다, 어울리다.

> 山寺夜吟
> 鄭澈(朝鮮)
>
> 蕭蕭落木聲
> 錯認爲疎雨
> 呼僧出門看
> 月掛溪南樹
>
> 산사 저녁에
> 정철(조선)
>
> 우수수 낙엽 지는 소리가 들리길래
> 성근 빗소리인 줄 잘못 알고
> 중더러 문 밖에 나가 보라 했더니
> 시냇가 남쪽 나무에 달이 걸렸다네

이 시는 한 편의 만화 아니면 무슨 만담 같다. 대충 보면 별 얘기가 없는 것 같지만 자세히 음미해 보면 꽤나 재미있다. 요즘은 스님들도 책을 많이 출간해서 사찰에서의 생활이 제법 알려지긴 했지만 그전에는 절에 자주 다니는 보살님들 빼고는 행자 생활, 밥짓기, 공양, 안거, 수미계 등을 잘 알 수 없었다. 해서 지난해에 모 일간지에 연재되었던 성철 큰스님 이야기가 흥미를 넘어서 커다란 반향을 일으켰던 것도 그 때문이 아닐까 싶다.

자, 그럼 무대로 한번 올라가 보자. 때는 늦가을. 장소는 깊은 산중에 있는 사찰. 시간은 저녁 9시 전후. 등장인물은 스님과 사미승. 저녁 예불을 끝낸 스님이 몸을 단정히 하고 잠자리에 들려는데 밖에서 빗소리가 들리는 것 같다. 예불 끝내고 방으로 들어올 때만 해도 날씨가 괜찮았던 것 같은데 이게 웬일인가 궁금하다. 산사 안에는 워낙에 나무들이 울창해서, 또 그런 연유로 잎새가 무성해서 웬만한 빗줄기는 감히 범접을 못 한다. 그래 사미승을 부른다. 헌데 이 녀석이 대답이 없다. 몇 번을, 그것도 옥타브를 높여서 부른 다음에야 녀석이 마지못해 방에서 나온다. 녀석은 부러 그러는지 눈까지 부비면서 다소 불량스런 동작으로 엉금엉금 기어온다. 역시 볼멘 목소리로 묻는다.

"부르셨어요, 스님?"

다른 때 같았으면 '불렀으니 왔지, 이 녀석아' 하고 불호령을 내렸을 텐데 늦은 시각에 부르고 해서 자못 다정스런 목소리로 답한다.

"잠자리에 들었는데 불러 미안하구나. 너 저 밖에 나가서 비가 오는지 한번 알아보고 오려무나."

녀석의 눈이 휘둥그레졌다. 아닌 밤중에 웬 홍두깨냐는 눈치다.

"이 날씨에 비는 무슨 비예요?"

"앗다, 냉큼 갔다오지 않고는."

녀석은 뭔가 더 할 말이 있는 눈치였지만 이내 마음을 고쳐 먹고는 불손한 동작으로 느릿느릿 걸어 나간다. 그리고는 한참이 지나서야 돌아왔다. 와서는 반쯤은 부은 소리로, 반쯤은 한심스럽다는 투로 전한다.

"스님, 저기 시냇가 남쪽 나무에 달이 걸렸는데요."

완전히 한 방 먹은 셈이었다. 요즘 말로 하면 끝내기 역전 안타였다.

"그래? 애썼다. 들어가 자거라."

이게 바로 함축미를 지닌 한시의 멋이요, 맛이다.

【註】
1) 吟(음): 읊다. 吟風弄月(음풍농월: 맑은 바람을 쐬며 시를 읊고 밝은 달을 즐긴다는 뜻으로, 곧 '아름다운 자연의 경치를 시로 읊고 즐김'을 일컬음).
2) 蕭蕭(소소): 쓸쓸한 모양, 나뭇잎이 떨어지는 모양.
3) 落木聲(낙목성): 나뭇잎이 떨어지는 소리.
4) 錯認(착인): 잘못 알다. 錯覺.
5) 疏雨(소우): 성기게 오는 비.
6) 呼僧(호승): 중을 부르다.
7) 掛(괘): 걸다, 달다. 掛圖.
8) 溪南樹(계남수): 시냇가 남쪽에 있는 나무.

不亦快哉行
丁若鏞(朝鮮)

跨月蒸淋積穢氛
四肢無力度朝曛
新秋碧落澄廖廓
端軸都無一點雲
　不 亦 快 哉

또한 통쾌하지 아니한가
정약용(조선)

한 달 넘도록 찌는 장마에 퀴퀴한 기운 쌓여
온몸이 나른하게 아침저녁을 보냈는데
초가을 푸른 하늘이 내게로 다가와 시름을 덜어 주고
아무리 바라봐도 구름 한 점 없더라
이 또한 통쾌하지 아니한가

꿍따리 샤바라

마음이 울적하고 답답할 땐

산으로 올라가 소릴 한번 질러 봐

나처럼 이렇게 가슴을 펴고

꿍따리 샤바라 빠빠빠빠

누구나 세상을 살다 보면은

마음먹은 대로 되지 않을 때가 있어

그럴 땐 나처럼 노랠 불러 봐

꿍따리 샤바라 빠빠빠빠

　처음 클론이 이 노래를 들고 나왔을 때는 다들 의아했다. 학생들 사이에서는 금세 인기를 끌었지만 중년층들은 저게 노래냐, 어디 아프리카에서 놀다 왔냐, 소리만 꽥꽥 지르는 것 같다는 등 말들이 많았다. 그러던 어느 날인가 어느 방송인가, 공개방송에 나와서 이 노래를 부르는데 방청석에 앉은 수천의 인파들이 혼연일체가 되어 부르는 것이 아닌가. 그때부터 이 노래는 국민가요가 됐다. 특히 온몸이 찌뿌둥한 여름, 특히 장마철에 이 노래를 부르면 금세 기분 전환이 된다. 다들 찌푸리고 있다가도 이 노래 반주만 나와도 어깨춤을 절로 춘다. 이것이 바로 노래의 위대한 힘이다. 가사를 다 소개하면 좋겠지만 워낙에 템포가 빠른 노래라 가사가 무척이나 길어서 일부분만 소개했다. 다음에 나오는 가사들도 한결같다. 내일, 희망, 여행, 바다, 소리지르기, 신나는 음악, 툭툭 털면서 꿍따리 샤바라 빠빠빠…….

실의와 좌절에 빠져 있던 수많은 사람들에게 용기와 희망과 신바람을 안겨 주었던 이 노래……, 클론……, 강원래와 구준엽……. 다시 한 번 우리들에게 통쾌한 기분을 주기 위해서라도 강원래여, 하루 빨리 쾌차해서 훌훌 털고 일어나기 바란다. 우리는 제2의 〈꿍따리 샤바라〉를 듣고 싶다.

【註】
1) 不亦(불역): 또한 ~하지 아니한가. 不亦說呼.
2) 快哉(쾌재): 통쾌하다. 뜻대로 잘 되어 만족하다.
3) 跨月(과월): 월말에서 월초를 넘김. 달을 넘김.
4) 蒸淋(증림): 쪄서 물이 뚝뚝 떨어짐.
5) 穢氛(예분): 지저분한 기운.
6) 度(도): 건너다, 지나다, 넘다. '渡'와 같다.
7) 朝曛(조훈): 아침저녁. '曛'은 '어둑어둑하다, 땅거미지다'.
8) 澄廖廓(징료확): 공허함을 깨끗이 하다, 덧없음을 맑게 하다.
9) 端軸(단축): 끝, 가, 가장자리.
10) 都無(도무): 모두 없다, 다 없다.

難飮野店
金炳淵(朝鮮)

千里行裝付一柯
餘錢七葉尙云多
囊中戒爾深深在
野店斜陽見酒何

밤 주막에서 겨우 술을 마시다
김병연(김삿갓)

천 리 먼길을 오직 지팡이 하나에 의지하니
엽전 일곱 닢 남은 것도 아직 넉넉하네
주머니 속에 꼭꼭 숨어 있으라
저물녘 주막에서 술을 보면 어찌하리

번지 없는 주막

문패도 번지수도 없는 주막에

궂은비 내리는 이 밤이 애절구려

능수버들 휘늘어진 창살에 기대어

어느 날짜 오시겠소 울던 사람아

석유등 불빛 아래 마주 앉아서

따르는 이별주에 밤비도 처량구려

새끼손을 걸어 놓고 맹서도 했건만

못 믿겠소 못 믿겠소 울던 사람아

아주까리 그늘 아래 가슴 조이며

속삭이던 그 사연은 불 같은 정이었소

귀밑머리 쓰다듬어 맹서튼 그 시절이

그립구려 그리워요 정녕 그리워

지금이야 젊은 층이 가요의 주도권을 잡고 있지만 1930년대에 발표된 이후 몇십 년 동안 온 국민에게 불려졌던 국민가요 중의 하나가 아닐까 싶다. 백년설이 부른 노래로는 이 밖에도 〈나그네 설음〉, 〈산팔자 물팔자〉, 〈알성급제〉, 〈대지의 항구〉, 〈복지만리〉, 〈아주까리 수첩〉 등 수없이 많다. 해마다 날이 갈수록 더하겠지만 작년과 올해에도 우리는 가요계의 큰 별 네 분을 잃었다. 바로 〈백마야 가자〉, 〈선창〉 등을 부른 고운봉과 〈알뜰한 당신〉, 〈삼다도 소식〉, 〈장희빈〉, 〈양산도 맘보〉, 〈피리 불던 모녀고개〉 등을 부른 황금심, 〈꽃 중의 꽃〉, 〈달려라 청춘마차〉, 〈애수의 기타〉, 〈봉덕사 종소리〉 등을 부른 원방현, 〈신라의 달밤〉, 〈비 내리는 고모령〉, 〈굳세어라 금순아〉, 〈럭키 서울〉, 〈베사메무쵸〉, 〈서울야곡〉 등을 부른 현인, 이렇게 네 분이다.

김삿갓의 이 시는 술꾼들을 위한 시 같다. 학창 시절, 시절이 암울해서 그랬는지 아니면 시와 소설을 끄적거린답시고 그랬는지 열심히 몰려다니며 술을 마셨다. 늘 술에 굶주린 배라 소주고 막걸리고 가릴 것이 없었다. 주머니는 늘 피폐해서 버스표 한 장 달랑 남겨 놓고 톨톨 털어서 가게에 가서 소주를 마셨다. 서로 침을 튀겨가며 문학 논쟁에 정치 논쟁까지 곁들이다 보면 술은 금세 바닥나 있었다. 그러다 통금이 되면 시계도 잡히고, 책도 잡히고 해서 여관방을 하나 잡아서는 새벽까지 마셨다. 그래서 이 시가 좋다.

【註】
1) 難飮(난음) : 어렵사리 마시다. 겨우 마시다.
2) 野店(야점) : 시골에 있는 가게. 주막.
3) 行裝(행장) : 여행할 때 쓰이는 모든 기구. 行具.
4) 付一柯(부일가) : 지팡이 하나를 더 보태다. 붙이다. 貼付(첩부: 발라서 붙임).
5) 餘錢(여전) : 남은 돈.
6) 尙云多(상운다) : 오히려 많다. 아직도 많다.
7) 囊中(낭중) : 주머니 속에.
8) 戒爾(계이) : 너에게 이르노니 ~을 조심하라. 주의하라. '爾'는 '餘錢七葉'을 말한다.
9) 深深在(심심재) : 깊숙이 자리하다. 꼭꼭 숨어 있다.
10) 斜陽(사양) : 지는 해. 석양.

青山倒水來
金炳淵(朝鮮)

四脚松盤粥一器
天光雲影共徘徊
主人莫道無顔色
吾愛青山倒水來

청산이 물 속에 거꾸로 박혔나니
김병연(김삿갓)

개다리소반에 겨우 죽 한 그릇
하늘빛과 구름이 그 안에서 함께 떠도네
주인양반 무안해 하지 마소
물 속에 거꾸로 박힌 청산이 나는 좋다오

예전에는 인심이 아주 후했다. 지나는 길손이 찾아오면 아무 집에서나 먹여 주고 재워 주곤 했다. 있으면 있는 대로 내놓고 없으면 또 없는 대로 내놓아도 그만이었다. 행여 찾아온 객이 추위할까 봐 군불이라도 더 지펴 주는 것이 우리네 선조들의 인심이었다.

김삿갓이 어느 허름한 집에 찾아간 모양이었다. 체질상 있는 집에는 절대로 찾아가지 않았을 것이다. 한참만에 주인집 아낙이 상

제5부 초탈과 유유자적 177

을 내왔다. 아낙은 무안한 듯 서둘러 내뺐다. 상은 그대로 주인집을 닮아 있었다. 칠도 다 벗겨진 개다리소반이었다. 상 위에는 밥 한 그릇과 간장 한 종지가 덩그러니 놓여 있었다. 밥은 쌀을 끓일 형편이 못 되었는지 죽이라고 내왔는데 쌀뜨물같이 멀겠다. 안에 내용물이 제법 들어 있었으면 외부의 사물이 비치지 않았을 텐데 사정은 그렇지 못해서 하늘과 구름이 죽그릇 안에 둥둥 떠다녔다. 배회하는 것은 죽그릇 속의 하늘과 구름만이 아니었다. 죽을 내온 주인이 무안하고 미안해서 주위에서 왔다갔다 하는 것이었다. 그걸 본 삿갓이 괜찮다고 하면서 주인을 위로해 주느라 지은 시가 바로 이 작품이다. 주인더러 무안해 하지 말라며 자신은 물 속에 거꾸로 박힌 청산이 더 좋다고 넉살을 떨었다.

이게 바로 없는 사람들의 인심이요, 정이요, 정성이다. 실은 삿갓은 밥보다 술을 더 원했는지도 몰랐다. 막걸리 몇 사발이면 허기도 지고 빈 속에 쉽게 취하기 마련이어서 깨어 있는 순간의 번민을 잊을 수도 있었을 텐데…….

그날 저녁이든 다음날 아침이든 삿갓은 그 집을 떠나면서 주머니 톨톨 털어서 엽전 몇 닢을 주인 몰래 두고 나왔을 것이다. 이 시를 보면서 훈훈한 정을 느끼며 입가에 미소를 띠지 못하는 사람은 정신건강에 문제가 많은 사람이다.

【註】
1) 到(도): 거꾸로. 倒置.
2) 松盤(송반): 소나무 쟁반. 소나무 상. 보잘것 없는 밥상.
3) 粥(죽): 죽, 미음. 朝飯夕粥.
4) 徘徊(배회): 정한 곳이 없이 이리저리 거닒. 이 詩에서는 사람이 배회하는 것이 아니라 허연 물죽 속에 하늘과 구름이 떠다니는 것을 표현했다.
5) 莫道(막도): ~하지 말라. ~라 말하지 말라.

> 居山詩
> 沖止(高麗)
>
> 日日看山看不足
> 時時聽水聽無厭
> 自然耳目皆淸快
> 聲色中間好養恬
>
> 거산시
> 충지(고려)
>
> 날마다 산을 봐도 또 보고 싶고
> 늘 물 소리 들어도 싫증나지 않네
> 저절로 귀와 눈이 맑고 시원해지니
> 대자연의 한가운데서 편안함을 기른다

대자연은 거짓말을 안 한다. 늘 거기 그대로 그렇게 있을 뿐이다. 자연은 인간이 해준 대로 그대로 우리에게 해준다. 그런데도 사람들은 이런 단순한 이치를 망각한 채 자꾸만 자연을 파괴하고 괴롭히려 든다. 자연을 병들게 하는 것은 바로 우리 자신을 병들게 하는 것이다.

하늘과 산과 강과 바다는 착하고, 건강하고, 성실하고, 꾸밈이 없고, 수려했다. 적어도 몇십 년 전까지만 해도. 그런데 어느 날부터 대자연이 난폭하고, 병들고, 가식이 많고, 몰골이 흉해지기 시작했다. 그 동안 잘 지내던 인간들을 괴롭히기 시작했다. 아니, 자신을 괴롭히던 인간들을 거꾸로 응징하기 시작한 것에 불과했다. 시도 때도 없이 비가 오고, 폭풍우가 치고, 눈보라가 휘날리고, 태풍이 불고, 해일이 일고, 산사태가 나고, 강물이 범람하고, 기상이변이 일었다. 대다수의 사람들은 대자연이 괜히 심통을 부린다고 투덜댔지만 몇몇 뜻 있는 사람들은 자연의 화풀이를 이해한다는 듯이 고개를 끄덕였다. 그리고는 걱정들을 했다. 자연의 병세가 갈수록 악화되고 덩달아 못되게 성질을 부린다고 걱정이었다. 그런데도 많은 사람들은 자연의 아픔을 이해하고 고쳐 줄 생각을 꿈에도 하지 않은 채 더욱 냉대하고 학대했다. 인간과 자연은 그렇게 하루하루 스스로의 무덤을 파고 있었다.

  환경은 우리의 것이 아니다. 바로 우리 후손들의 몫이다. 하지만 사람들은, 특히나 우리 나라 사람들은 대자연이 바로 우리들의 소유물인 양 홍청망청 쓰고 훼손까지 하고 있다. 우리 세대에는 어찌어찌해서 겨우 버텨 나갈 수 있을지 몰라도 다음 세대쯤에는 지구가 치유불능 상태로 빠질지도 모른다. 다음 세대가 누군가. 그들은 바로 우리 자식과 손주들이다. 대자연은 다 망가뜨려 놓고 다른 것을 물려 줘 봐야 무엇 하는가.

너무 늦었다. 하지만 이제부터라도 정신들을 차리면 완치는 안 되더라도 더 이상 악화되지는 않을 것이다. 하늘과 산과 강과 바다와 하루빨리 화해해서 이렇게 좋은 대자연을 찬미하는 시를 쓸 날이 오기를 바랄 뿐이다.

【註】
1) 居山(거산): 산에 살다. 居士. 隱者. 따라서 이 詩는 '어느 隱者의 노래'로 제목 지어 마땅하다.
2) 日日(일일): 날마다.
3) 看不足(간부족): 봐도 모자라다. 또 보고 싶다.
4) 時時(시시): 늘.
5) 聽無厭(청무염): 들어도 질리지 않다. 싫증나지 않다.
6) 自然(자연): 자연히, 저절로.
7) 恬(념): 편안하다. 마음 평온하다. 차분하다. 恬靜.

제6부

진경산수시, 꿈엔들 잊힐리야……

정지용 시인의 「향수」는 노래로 들어도 좋고, 그냥 시로 봐서도 마냥 좋다. 살면서 잊지 못하는 것들이 있다. 어렸을 적의 고향 풍경, 그때 같이 뛰놀던 친구들, 그 시절의 못살았지만 넉넉했던 인심들……. 도시화, 산업화, 문명화, 컴퓨터, 로봇, 첨단기술 등이 인류를 물질적으로는 풍족하게 해주었는지 몰라도 정신적으로는 한없이 황폐하게 해준 것 또한 부인할 수 없는 사실이다. 도시에 살면서는 두 번 볼 만한 것이 별로 없다. 특히나 나이가 들면 더한 법이다. 그래서 사람들이 주말만 되면, 휴가철만 되면 어떻게든 시간들을 내서 교외로, 대자연으로 내달리는 것이 아닌가. 다른 것은 몰라도 선인들이 부러운 것이 몇 가지 있다. 가난했지만, 남루했지만, 끼니 때우기도 힘들었지만 그래도 여유와 쾌적한 공기와 깨끗한 물과 수려한 풍광들을 가까이 할 수 있었지 않은가. 비록 가슴에 와닿지 않을지는 모르지만 대자연의 해맑은 경관을 노래한 시들을 접하게 되면 마음 한구석이 넉넉해짐을 느낄 수도 있을 것이다. 하긴 마음에 여유가 없으면 누가 옆에서 설법을 해도 졸다는데……. 그것이 인생이기도 하다.

鹿柴
王維

空山不見人
但聞人語聲
返景入深林
復照靑苔上

녹채에서
왕유

텅 빈 산 사람은 보이지 않고
다만 사람 말소리만 들리네
해질 무렵 낙조가 깊은 숲속에 비쳐들어
다시금 푸른 이끼를 비추네.

노을

바람이 머물다 간 들판에

모락모락 피어나는 저녁 연기

색동옷 갈아입은 가을 언덕에

빨갛게 노을이 타고 있어요

허수아비 팔 벌려 웃음짓고

초가지붕 둥근 박 꿈꿀 때

고개 숙인 논밭의 열매

노랗게 익어만 가는

가을바람 머물다 간 들판에

모락모락 피어나는 저녁 연기

색동옷 갈아입은 가을 언덕에

붉게 물들어 타는 저녁놀

1984년 제2회 MBC 창작동요제에서 대상을 받은 곡이다. 이 노래는 동요가 아니라 꼭 가곡 같다. 뭐 동요가 유치하다거나 그런 뜻이 아니라 워낙에 한 폭의 수채화 같아서 어른들도 노래방에 가면 잔뜩 폼 잡고 부르는 노래라서 하는 말이다. 올해로 MBC 창작동요제는 스무 해를 맞는다. 그 동안 정말 주옥같이 좋은 노래들이 많이 나와 어린이들은 물론 어른들한테까지 푸짐한 노래 선물을 하곤 했는데, 요즘은 애들이 워낙에 TV, 가요에 빠져드는 바람에 갈수록 그 빛이 덜 나는 것 같아 아쉬울 뿐이다. 아무쪼록 스무 해를 맞아 예전의 영광을 다시 찾았으면 좋겠다.

나는 개인적으로 유화보다는 수채화나 파스텔화를 더 좋아한다. 화려함이 주는 감동보다 잔잔한 것에서 전해져 오는 공감이 더 좋기 때문이다. 「녹채(鹿柴)」도 그렇고 〈노을〉도 그렇고 잔잔한 실내악 같다. 교향곡도 좋고 협주곡도 좋지만 때로는 조용한 실내악곡이 진한 감동과 깊은 여운을 줄 때도 있다. 굳이 예를 들자면 첼로 소나타 정도라고나 할까. 그것도 빠르고 화려한 1악장이나 3악장이 아니라 아다지오 정도의 2악장이……。

【註】
1) 鹿柴(녹채): 원래는 사슴 울짱을 뜻하나 이 詩에서는 輞川의 지명으로 輞川 20景 중의 하나다.
2) 空山(공산): 텅 빈 산. 마음이 호젓하면 산도 그렇게 보이는 법.
3) 但(단): 다만. 但只.
4) 人語(인어): 사람 말소리, 사람 소리.
5) 響(향): 울리다, 들리다.
6) 返景(반경): 해질 무렵 되비쳐 오는 빛, 석양빛. '景' 은 햇빛.
7) 深林(심림): 깊은 숲, 나무가 우거진 숲.
8) 復照(부조): 다시 비치다.
9) 靑苔(청태): 푸른 이끼.

望廬山瀑布
李白

日照香爐生紫烟
遙看瀑布掛前川
飛流直下三千尺
疑是銀河落九天

여산폭포를 바라보며
이백

햇빛 받은 향로봉에 푸른 안개 서리고
멀리 바라보니 폭포수가 앞강에 걸려 있네
날아 흘러 삼천 자를 곧바로 떨어지니
은하수가 하늘에서 떨어지는 거나 아닌지

　　　1988년 서울올림픽을 앞두고 우리는 참으로 많은 기대들을 했었다. 올림픽만 끝나면 생활 수준도 엄청나게 높아지고, 국가 위상도 높아지고, 해외여행도 자주 가게 되고, 한마디로 모처럼 살맛나는 세상에서 사는 꿈에 다들 젖었었다. 거기다 올림픽만 끝나면 우리네 생활 스포츠 시설도 많이 늘어서 누구나 마음만 먹으면 가까운 곳에서 놀이시설을 즐길 줄 알았던 것이 대다수 국민들의 소박한 심정이었다.

하지만 올림픽이 끝나고 몇 년이 지나서도, 그리고 지금처럼 십 몇 년이 지났는데도 나아진 것은 아무것도 없다. 국민들의 의식 수준이 크게 나아진 것 같지도 않고, 도덕 수준이 나아지지도, 기대했던 것만큼 생활 수준이 향상되지도, 육상과 수영 등의 기본 스포츠가 발전하지도, 생활 스포츠 시설이 많이 생겨나지도 않았다.

올림픽을 성공적으로 치른—외국에서는 어떻게 평가할지 몰라도 어쨌든 우리는 그렇다고 세뇌당해서 그런 줄로 알고 있고, 또 그래야 마음들이 편한 관계로 그렇게 굳게 믿고 싶다 — 민족답게 의식 수준이 나아졌다는 징조는 어디에서고 발견할 수가 없으니 참으로 답답할 뿐이다. 사이비 종교인들이 평일에 열심히(?) 죄짓다가 일요일 예배당에 가서 열심히 기도하면 지은 죄를 용서받을 수 있다고 믿는 것처럼 우리들은 적어도 올림픽 기간 동안만큼은 열심히 5부제 지키고, 자원봉사 잘 하고, 경기장에 가서 모처럼 질서도 잘 지키고, 외국인들한테 바가지 안 씌우고 친절하게 잘 대하고 그랬다. 그랬는데 올림픽이 끝나고 나서는 만사 휴무였고, 언제 그랬냐 싶게 다시 예전의 저급한 의식 수준을 지닌 국민들로 전락하고 말았다.

도덕 수준도 의식 수준과 일란성 쌍둥이처럼 똑같아서 도로아미 타불이었다. 아직도 길거리를 걷다 보면 무단횡단하는 사람들, 아무 데고 마구 침 뱉는 사람들, 교통신호 무시하는 것이 운전 잘 하는 것처럼 행세하는 사람들, 유원지나 경기장에만 나가면 앞뒤 가리지 않고 쓰레기를 버려대는 사람들, 가짜 물건 만들어서 비싸게 받는 사람들, 틈만 나면 다른 사람들 등치고 속이려 드는 사람들, 죽은 다음 염라대왕 앞에 가면 치도곤을 맞을 사람들이 줄어들기는 커녕 날이 가면 갈수록 늘어만 가는 것이 올림픽을 치른 우리네의 도덕 수준이다.

생활 수준은 또 어떤가. 올림픽만 끝나면 바로 그 다음날이라도 GNP가 천정부지로 솟구쳐, 집 없는 사람 금세라도 집 장만하고, 쪼들려 사느라고 외국 한번 나가 보지 못한 사람 당장 비행기 타고 외국 구경하고, 차 없는 사람 내일 모레라도 새 차가 턱하니 집 앞에 버티고 있고, 늘 텅 빈 채로 있던 가족들의 지갑과 호주머니가 돈으로 가득 차고, 문화 수준도 한결 나아져 식구들과 함께 공연장도 자주 가볼 거라는 백일몽에 다들 빠졌던 것이 사실이다. 그러나 우리의 소박한 꿈들은 여지없이 무너져 내렸다. 그래서 사람들은 그 허탈감에서 쉽사리 벗어나지 못해 더욱 허우적거리고, 극악무도한 폭력배들이 더욱 기승을 부려대고, 각종 안전사고는 자고 일어나면 터져 가뜩이나 심약한 우리들의 마음을 오그라들게 했는지 모를 일이다.

한편으로 우리는 올림픽을 치르고 나면 허약했던 기본 스포츠가 일취월장해서 그 다음에 열리는 수영과 육상종목의 국제 경기대회에서 많지는 않아도 한두 개의 메달은 따올 것으로 기대했었다. 하지만 여태껏 우리의 기대는 기대로만 끝나고 몇몇 효자 종목을 제외하고는 메달 구경하기가 하늘의 별 따기다. 여전히 우리는 예전의 동유럽 국가에서 하듯이 태능선수촌에서 엘리트 체육을 하는 형편이고 대다수의 국민들은 운동과는 거리가 먼 상태로 하루하루를 연명하고 있다.

또 그래서 우리네 생활 스포츠는 올림픽 이전과 마찬가지로 여전히 낙제를 면치 못하는 처지다. 올림픽이 끝나고 나면 근린 체육시설이 많이 늘어나 생활 스포츠 수준이 나아질 것을 믿어 의심치 않았다. 하지만 이것 역시 다른 분야와 마찬가지로 백일몽에 지나지 않았다. 눈 가리고 아옹 하는 식으로 높으신 분들의 눈에 띌 곳만 몇 군데 만들어 놓고 나머지는 알아서 하라는 식이었다. 우리가 사는 동네를 잠시만 둘러보아도 결과는 자명해진다. 올림픽 이후 국민들을 위해 저들이 만들어 준 것이 뭐가 있는가 말이다. 서울의 경우 기껏해야 올림픽공원이 생겨 그 일대 사람들이나 아침에 조깅, 산책, 배드민턴 정도의 운동을 할 수 있을 뿐이다. 그러니 나머지 중소 도시나 시골은 더 이상 말할 것도 없을 지경이다.

하기야 있는 사람들이야 골프도 치고 스포츠 센터에 가서 운동을 하면 문제될 것이 아무것도 없다. 먹고 살기에 바쁜 서민들만 운동 부족으로 온몸이 뻐근해질 뿐이다. 바로 이것이 올림픽을 치르고 난 우리의 현주소다. 우리는 생활 스포츠를 말할 자격이 없다.

이제 월드컵 잔치도 끝났다. 그 열기가 그대로 이어져 프로 축구 K리그에는 관객들이 밀물처럼 몰려든다. 이런 열기가 오래 지속되고 학교 축구·아마추어 축구 경기에도 관심을 가져 주었으면 싶다. 아마추어 없는 프로는 존재할 수가 없다. 4년 뒤 독일 월드컵에서 좋은 성적을 거두기 위해서는 온 국민이 힘을 모아야 한다. 그리고 다른 종목에도 관심을 가져 주자. 우리 나라에는 축구만 있는 것이 절대 아니다. 지금 이 순간에도 비인기 종목 선수들은 열심히 땀 흘리며, 라면으로 끼니를 때우며 운동하고 있다.

【註】
1) 廬山(여산): 지금의 江西省 九江市 남쪽에 있는 산. 피서지, 명승지로 알려져 있다.
2) 香爐(향로): 여산 서북에 있는 봉우리 이름. 그 꼭대기는 뾰족하면서도 둥글게 생겼고, 언제나 구름과 안개에 싸여 있어서 博山爐와 비슷하다 하여 이름을 향로봉이라 한다.
3) 生紫烟(생자연): 자줏빛 안개가 피어나다.
4) 遙看(요간): 멀리 바라보다.
5) 掛(괘): 걸다, 걸어 놓다.
6) 飛流直下(비류직하): 곧바로 아래로 흘러 떨어짐.
7) 三千尺(삼천척): 삼천 자. 정확한 표현이 아니고 그만큼 폭포의 물줄기가 길게 뻗어 내린다는 표현이다.
8) 疑是(의시): ~이 아닌가 싶다, ~같아 의심스럽다.
9) 銀河(은하): 청명한 날 밤에 흰 구름같이 남북으로 길게 보이는 별의 무리.
10) 九天(구천): 높고 높은 하늘. '九萬里長天'의 준말.

望天門山
李白

天門中斷楚江開
碧水東流至此廻
兩岸靑山相對出
孤帆一片日邊來

천문산을 바라보며
이백

천문산 산자락이 잘리고 양자강이 흘러가는데
푸른 강물은 동쪽으로 흐르다 이곳에서 굽이친다
양쪽 언덕 푸른 산이 마주보며 높이 솟았는데
외로운 돛배 한 척이 하늘가에서 나오네

작은 배

배가 있었네

작은 배가 있었네

아주 작은 배가 있었네

라~ 라~ 라~

작은 배로는 떠날 수 없네

멀리 떠날 수 없네

아주 멀리 떠날 수 없네

있어도 없는 듯한 가수, 늘 조용한 노래만 부르는 가수, 고음은 전혀 발성이 안 될 것 같은 가수, 하지만 그가 빠지면 금세 표가 나는 가수, 1970~80년대 우리 가요계의 포크송과 발라드를 얘기할 때 꼭 짚고 넘어가야 할 가수가 바로 조동진이다.

사람들은 누구나 물을 그리워한다. 그래서 강을 찾고, 계곡을 찾고, 시냇가를 찾고, 바다를 찾는다. 강이나 바다는 기슭이나 해변에서 가만히 지켜 보는 것도 좋지만 그 안으로 뛰어들어 헤엄치는 것도 좋고, 배를 타고 한 바퀴 휘 둘러보는 것도 괜찮다.

숙취(熟醉)에 골이 지끈거릴 때 흙이 깔려 있는 길에서 잠시 걸으면 울렁거리던 속과 어지럽던 머리가 깨끗하고 맑아진다. 전에야 서울에도 흙길이 많았는데 요즘은 변두리로 가봐도 온통 보도 블록이라 흙 구경하기가 몹시 어렵다. 흙에서 뿜어져 나오는 생명의 기운이 사람들한테 전달되지 않으니 현대인들은 갈수록 온갖 질병에 시달리는 것 같다. 그래서 도시 안에서 걸어다니거나 차를 타고 다니는 사람들은 가끔씩 야외에 나가 배를 타고 싶어한다. 배멀미를 하는 사람들을 제외하고는 누구나 배를 타면 몸과 마음이 시원해짐을 느낀다. 다행스럽게도 우리 나라에는 강과 인공 댐이 많아서 마음만 먹으면 아무 때나 배를 탈 수 있다.

아쉬운 것은 배를 타고 가는 길에 볼거리가 별로 없다는 것이다. 한강에서 유람선을 타 봐야 보이는 것은 아파트밖에 없고, 인공 댐 안에서 배를 타면 물이 잔뜩 빠진 산허리가 고장난 바리캉으로 머리를 잔뜩 뜯어 놓은 것 같아 영 흉측스럽다. 우리는 그 동안 너무 주변 경관 관리에 소홀해 왔다.

【註】
1) 天門山(천문산): 揚子江이 安徽省에서 江蘇省으로 흘러들어가기 바로 전, 當塗縣에 있는 산. 동쪽의 博望山과 서쪽의 梁山이 강물을 끼고 마주보아 하늘의 문처럼 보이기 때문에 그 둘을 합쳐 천문산이라 부른다.
2) 中斷(중단): 박망산과 양산이 양자강에 의해 허리가 잘린 것을 말함.
3) 楚江(초강): 양자강.
4) 碧水(벽수): 푸른빛이 감도는 강물. 碧溪.
5) 至此(지차): 여기 천문산에서.
6) 廻(회): 돌다, 돌아가다.
7) 一片(일편): 한 척.
8) 日邊(일변): 하늘가. '天邊' 과 같다.

江村
杜甫

淸江一曲抱村流
長夏江村事事幽
自去自來堂上燕
相親相近水中鷗

강마을을 바라보니
두보

해맑은 강 한 굽이 마을을 안고 흐르는데
긴 여름 강마을에는 만사가 여유롭다
절로 갔다 절로 오는 것은 들보 위의 제비요
서로 친하고 서로 가까이 하는 것은 물가의 갈매기로세

이 시를 읽고 안동 하회마을을 떠올릴 줄 아는 사람이라면 인생을 그렇게 무미건조하게 살아온 것은 아니라고 격려해 주고 싶다. 그렇게만 살아간다면 커다란 성공은 못 거두더라도 남한테 내세울 수는 있는 인생이 될 거라고. 그렇지 못한 사람은 앞으로 더 분발해서 살아가라고 채근해 주고 싶다. 해서 잠시 우리나라 사람들의 민도(民度)에 대해 생각해 보았다. 착잡한 심정으로……

우리 나라 사람들의 민도는 아직 민주주의에는 전혀 걸맞지 않는다. 말들은 정치판이 썩었다고 욕들을 하지만 자신들의 한심한 몰골은 전혀 보지 못하는 우매한 백성들이다. 평소에는 신나게 욕하다가도 선거철만 되면 이리 기웃 저리 기웃 하면서 입후보자들에게 손을 벌리기 일쑤고, 집안 애경사에 지역구 국회의원이 화환이라도 안 보내면 세상 무너질 듯 난리를 쳐댄다.

 막걸리 몇 잔, 신발 몇 켤레 때문에 그 동안 뽑아 준 수준 미달의 국회의원이 무릇 얼마이며, 독재정권 때 말도 안 되는 제안들을 국민투표에 붙이기만 하면 온갖 사탕발림과 협박 속에 압도적인 투표율과 지지율로 집권세력의 손을 들어 준 게 또 몇 번이며, 요즘도 선거철만 되면 화장품이다 담요다 선심 관광이다 해서 선거판의 물을 흐려 놓는 게 과연 누구의 책임이란 말인가.

 잘못 뽑아 주고 나서는 그 정치인을 매도하다가 막상 또 선거가 닥치면 말도 안 되는 학연에 지연에 사돈의 팔촌에 뭐까지 들먹여 가며 또다시 그 정치인을 뽑아 주고, 그 이튿날만 되면 또 욕을 해대는 그 우둔함의 극치…….

 우리네 민도는 아직 1970년대 중반에 머물러 있다. 총과 칼의 독재 앞에서는 숨도 못 쉬고 있다가도 조금만 풀어 주면 입에 거품들을 물고 길길이 날뛰는 게 바로 우리들의 서글픈 자화상이다. 혹자는 독재에서 참된 민주화로 가는 과도기적인 현상이라고 낙관을 하고 있지만 우리 민족의 경거망동과 과소비, 사치 풍조, 도덕 불감증, 극도의 개인주의, 부패와 타락, 무질서 등은 이제 그 도를 넘어서 어떻게 쉽사리 손을 써볼 수가 없게 되었다. 일세를 풍미하는 지도자가 나와 자만에 빠진 이 민족을 이끌어 주거나 아니면 실현 가능성이 희박하긴 하지만 국민의식 개혁운동이라도 지속적으로 벌여 그 두꺼운 위선의 허울을 벗기고, 구조적이고 만성적인 부실과 부조리와 부패의 사슬을 끊어야 한다.

【註】
1) 淸江(청강): 맑은 강, 속이 훤히 들여다보이는 청정한 강물.
2) 一曲(일곡): 한 굽이. '曲'은 강물의 굽이, 강물이 굽이치는 것. 安東 河回마을!
3) 抱(포): 감싸안다. 抱擁.
4) 長夏(장하): 긴 여름.
5) 事事(사사): 온갖 일, 만사.
6) 幽(유): 그윽하다, 차분하다, 한가롭다.
7) 自去自來(자거자래): 스스로 갔다 스스로 돌아오다. 다음 句의 '相親相近'과 더불어 제비와 갈매기는 순리대로 흐르는 자연의 시간과 평화로움을 나타내고 있다.
8) 梁上(양상): 들보 위. 梁上君子.

雨過山村
王建

雨裏鷄鳴一兩家
竹溪村路板橋斜
婦姑相喚浴蠶去
閑着中庭梔子花

비 개인 뒤의 산촌 풍경
왕건

비 내리는 가운데 한두 집에서 닭이 울고
대나무 늘어선 시냇물 위 시골길 다리에는 널빤지가 비스듬하니 걸쳐져 있네
시어머니와 며느리 함께 누에 치러 나가고
뜰 한 가운데 한가로이 치자꽃이 샛노랗게 피었네

비오는 날의 수채화

빗방울 떨어지는 그 거리에 서서

그대 숨소리 살아 있는 듯 느껴지면

깨끗한 붓 하나를 숨기듯 지니고 나와

거리에 투명하게 색칠을 하지

음악이 흐르는 그 까페엔 초콜렛색 물감으로

　　빗방울 그려진 그 가로등불 아랜 보라색 물감으로

　　세상 사람 모두가 도화지 속에 그려진

　　풍경처럼 행복하면 좋겠네

　　욕심 많은 사람들 얼굴 찌푸린 사람들

　　마치 그림처럼 행복하면 좋겠어

　　　동명 타이틀로 영화화된 작품의 주제곡으로 영화보다 노래가 더 히트했다. 게다가 김현식·권인하·강인원이 함께 불러 관심을 모은 곡이기도 하다. 가사도 좋고 노래도 잘들 불렀다. 김현식과 권인하의 그 내지르는 발성과 강인원의 감미로움이 잘 조화됐으니 당연할 수밖에.

　비오는 날을 묘사한 다른 수많은 노래들을 들으면 들떠 있다가도 가라앉게 마련인데 이 노래는 그 반대다. 좀 처져 있다가도 이 노래를 볼륨을 크게 해서 들으면 어디서 자양분이 온몸으로 슬그머니 들어오는 것만 같다. 정말 우리가 사는 세상이 도화지 속의 풍경처럼, 그림처럼 행복한 날이 오기는 할까…….

　「우과산촌(雨過山村)」, 이 시도 읽으면 마음이 상큼해진다. 비가 개이고 나면 어디고 간에 기분이 수직상승하기 마련이다. 거기다가 비스듬하게 걸려 있는 널빤지, 함께 누에 치러 나간 시어머니와 며느리도 좋지만 가장 압권은 역시 한가로이, 그것도 샛노랗게 핀 치자꽃이다. 노란색은 사람의 마음을 가볍게 해준다. 그래서 꼬마들이 병아리를 좋아하나 보다. 또 그래서 비오는 날 노란 장화·우산·우비를 뒤집어쓰고 가는 아이들을 보면 기분이 좋다.

〈노란 샤쓰의 사나이〉, 〈Yellow Submarine〉, 〈Tie a Yellow Ribbon Round the Old Oak Tree〉 등도 들으면 기분이 상승한다.

【註】
1) 雨裏(우리): 빗속에, 비가 오는 가운데.
2) 一兩家(일량가): 한두 집.
3) 竹溪(죽계): 대나무가 늘어선 시냇물.
4) 板橋(판교): 널빤지를 걸쳐서 만든 다리.
5) 斜(사): 비끼다, 비스듬하다, 기울다.
6) 婦姑(부고): 며느리와 시어머니. 姑婦.
7) 相喚(상환): 서로 부르다, 함께 일하다.
8) 浴蠶(욕잠): 누에고치 종자를 소금물에 담가 그 가운데 괜찮은 것들을 골라내는 일.
9) 閑着(한착): 한가롭게 붙다, 자리잡다, 머무르다.
10) 梔子(치자): 열매는 황적색의 물감을 취하며, 이뇨·눈병·황달 등의 약재로도 쓴다.

> 春行寄興
> 李華
>
> 宜陽城下草萋萋
> 澗水東流復向西
> 芳樹無人花自落
> 春山一路鳥空啼
>
> 봄나들이
> 이화
>
> 의양성 밖에는 풀이 무성한데
> 계곡물은 동쪽으로 흐르다 다시 서쪽으로 향하네
> 아무도 보아 주는 이 없는데 꽃은 저절로 지고
> 봄 산길 내내 새만 부질없이 울어대네

새타령

새가 날아든다 온갖 잡새가 날아든다

새 중에는 봉황새 만수문전에 풍년새

성교 꼭심 무인초 수립비조 물새들이

농촌화답에 짝을 지어 생긋생긋이 날아든다

저 쑥꾹새가 울음 운다 울어 울어 울음 운다

이 산으로 가면 쑥꾹 쑥꾹

저 산으로 가면 쑥쑥꾹 쑥꾹

아하~ 어히~ 이히이히이히 좌우로 다녀 울음 운다

명랑한 새 울음 운다 저 꾀꼬리가 울음 운다

어디로 가나 이쁜 새 어디로 가나 귀여운 새

온갖 소리를 모다하여 울어 울어 울음 운다

이 산으로 가면 쑥꾹쑥꾹

저 산으로 가면 쑥쑥꾹 쑥꾹

아하~ 어히~ 이히이히이히 좌우로 다녀 울음 운다

민요 가수 김세레나가 불러 온 국민이 다 아는 곡이다.

새들은 왜 울까? 새들이 지저귀는 것은 노래를 부르는 것일까? 저희들끼리 얘기를 하는 것일까? 슬퍼서 우는 것일까? 즐거워서 소리를 지르는 것일까? 아니면 사람이나 다른 짐승들 들어서 좋으라고 우짖는 것일까? 사랑하는 짝을 찾는 구혼의 소리일까?

조류학자가 아니라서 잘은 모르지만 아무래도 복합적인 이유 같다. 같은 새라도 아침에 우는 소리와 저녁에 우는 소리가 다르고, 듣기에 좋은 소리도 있고 듣기에 짜증나는 소리도 있다. 그렇게 들리는 것은, 우리가 그렇게 듣는 것은, 듣는 상황에 따라서, 기분에 따라서 바뀔 수도 있다. 애인과 만나러 나가면서 듣는 새 소리는 아무래도 유쾌하게 들릴 것이고, 시험을 망치고 돌아오면서 듣는 새 소리는 아무리 듣기 좋은 뻐꾸기 울음소리라도 우울하게 들릴 것이다. 아무리 그래도 오밤중 으슥한 산길에 들리는 부엉이 울음소리나 까마귀 울음소리는 소름이 끼칠 것이다.

  하기야 도회지에서 새 울음소리 듣기란 정말로 힘든 일이다. 까치나 참새도 갈수록 구경하기 힘든 세상이 되었으니 말이다. 새들이 평화롭게 지저귀는 서울은 언제나 올까…….

【註】
1) 春行(춘행): 봄나들이. 봄에 들녘을 거닐음.
2) 寄興(기흥): 마음에 느껴지는 감흥을 시나 노래에 의탁하여 읊음.
3) 宜陽(의양성): 河南省 宜陽縣. 唐代 최대 行宮의 하나인 連昌宮이 있었던 곳.
4) 城下(성하): 성벽 밖, 성 밖.
5) 萋萋(처처): 풀이 무성한 모양.
6) 澗水(간수): 산골짜기에서 흐르는 계곡물, 시냇물.
7) 芳樹(방수): 꽃피는 나무, 아름다운 나무. 花木.
8) 一路(일로): 길 내내, 쭉.
9) 空(공): 부질없이, 헛되이.

桃花谿
張旭

隱隱飛橋隔野煙
石磯西畔問漁船
桃花盡日隨流去
洞在靑溪何處邊

도화계
장욱

높게 걸린 다리 들안개 너머로 희미하게 보이는데
돌 많은 물가 서쪽에서 어부에게 묻네
복사꽃이 하루 종일 물을 따라 흘러가니
맑은 계곡물 어디쯤에 도원동이 있는가고

고향의 봄

나의 살던 고향은 꽃피는 산골

복숭아꽃 살구꽃 아기 진달래

울긋불긋 꽃대궐 차린 동네

그 속에서 살던 때가 그립습니다

꽃동네 새동네 나의 옛 고향

파란 들 남쪽에서 바람이 불면

냇가에 수양버들 춤추는 동네

그 속에서 놀던 때가 그립습니다.

지금은 사정이 조금 달라졌지만 노래방이 없던 시절, 놀이문화가 형편 없었던 시절에 가뭄에 콩 나듯이 가족들끼리 야외에 놀러 가면 술과 노래는 필수품이었다. 남자들이야 소주 몇 잔 걸치면 되는 노래 안 되는 노래 불러대지만 여자들은 외간 남자들 앞에서 노래 부르기가 영 쑥스러워 빼다가 빼다가 결국 한 곡조씩을 하는데 어김없이 나왔던 노래가 이 노래〈고향의 봄〉이었다. 해서 우리 나라 사람들이 제일 많이 부른 노래 1위는〈애국가〉, 2위는〈고향의 봄〉이었다. 3위부터는 각자 견해가 달라서 잘 모르겠다.

지금도 여전히 설이나 추석 등 명절이 되면 민족의 대이동이니 뭐니 하면서 온 국민이 '고향집 앞으로!'를 하면서 이천만이 넘는 사람들이 고향을 찾는다. 요즘은 고향에 계신 부모들이 도회지에 사는 아들네 집으로 와서 차례를 지내는 집도 많아져서 역귀성도 많아졌다지만 아직은 도회지에서 지방으로, 시골로, 섬으로 가는 경우가 압도적이다. 평상시 일 관계나 놀러 가는 것으로 왕복 열 시간, 스무 시간을 그렇게 고생스럽게 다녀왔으면 다들 몸살에 걸리고 힘들다고 난리일 텐데 역시 고향의 힘은 위대한가 보다. 다들 끄덕도 없이 회사에, 학교에 나온다.

하지만 지금의 10대, 20대가 더 나이가 들면 과연 고향을 찾을까. 그들의 고향은 과연 있기라도 한 것일까…….

【註】
1) 桃花谿(도화계): 복숭아꽃이 피어 있는 계곡. 仙境을 뜻한다. '谿'는 '溪'와 같다. 실제로 湖南省 桃源縣 서남쪽에 桃源洞이 있고, 그 북쪽으로 조금만 오르면 桃花溪가 있다. 桃花山에서 발원한다.
2) 隱隱(은은): 희미하여 분명하지 않은 모양.
3) 飛橋(비교): 높은 다리, 높은 곳을 건너지른 다리.
4) 隔野煙(격야연): 들에 낀 안개, 또는 煙霞(연하: 안개와 놀) 너머에, 그 건너에.
5) 石磯(석기): 돌이 많은 물가. '磯'는 '물가, 강가의 자갈밭'.
6) 西畔(서반): 서쪽 물가.
7) 盡日(진일): 하루 내내, 하루가 다 가도록.
8) 洞(동): 桃源洞, 桃花源, 仙境.
9) 何處邊(하처변): 어디쯤에, 어디에.

> 遺愛寺
> 白居易
>
> 弄石臨溪坐
> 深花繞寺行
> 時時聞鳥語
> 處處是泉聲
>
> 그 절에 가면
> 백거이
>
> 수석을 즐겨 시냇가에 앉으니
> 깊은 숲 꽃들이 절을 빙 감싸네
> 때때로 들리는 것이 새 울음소리인가 하였더니
> 곳곳에서 나는 샘물 소리로다

섬진강 1

가문 섬진강을 따라가며 보라

퍼가도 퍼가도 전라도 실핏줄 같은

개울물들이 끊기지 않고 모여 흐르며

해 저물면 저무는 강변에

쌀밥 같은 토끼풀꽃,

숯불 같은 자운영꽃 머리에 이어주며

지도에도 없는 동네 강변

식물도감에도 없는 풀에

어둠을 끌어다 죽이며

그을린 이마 훤하게

꽃등도 달아준다

흐르다 흐르다 목메이면

영산강으로 가는 물줄기를 불러

뼈 으스러지게 그리워 얼싸안고

지리산 뭉특한 허리를 감고 돌아가는

섬진강을 따라가며 보라

섬진강물이 어디 몇 놈이 달려들어

퍼낸다고 마를 강물이더냐고,

지리산이 저문 강물에 얼굴을 씻고

일어서서 껄껄 웃으며

무등산을 보며 그렇지 않느냐고 물어보면

노을 띤 무등산이 그렇다고 훤한 이마 끄덕이는

고갯짓을 바라보며

저무는 섬진강을 따라가며 보라

어디 몇몇 애비 없는 후레자식들이

퍼간다고 마를 강물인가를.

　　섬진강 시인으로 널리 알려진 김용택의 시다. '김용택의 시를 읽으면 늘 머릿속이 맑아지면서 동시에 가슴속이 시원해진다. 왜냐하면 난해한 암호 해독이나 부담감 생기는 과학적 사고를 하지 않아도 시구가 쏙쏙 들어와 머리 위에 그림이 그려지곤 하기 때문이다. 때로는 섬진강의 당당한 흐름이 눈에 들어오기도 하고, 숨을 듯 피어 있는 작은 풀꽃이 사랑스럽게 미소 띠고 있는 모습이 떠오르기도 하는 것이 김용택 시이다.' 어느 평론가가 평한 대목인데 절로 고개가 끄덕여진다.

　그의 시를 읽으면 구수함, 된장찌개, 외할머니, 풋고추, 마당, 장구, 판소리, 농촌…… 대충 이런 낱말들이 떠오른다. 누구보다 우리 땅과 자연을 사랑하는 그가 부럽다.

【註】
1) 遺愛寺(유애사): 절 이름.
2) 弄石(농석): 水石을 즐기다.
3) 臨溪坐(임계좌): 시냇가에 앉다.
4) 繞寺行(요사행): 절을 빙 돌다.
5) 鳥語(조어): 새 울음.
6) 泉聲(천성): 샘물 소리.

暮江吟
白居易

一道殘陽鋪水中
半江瑟瑟半江紅
可憐九月初三夜
露似珍珠月似弓

저녁 강가에서
백거이

한 줄기 석양빛이 물속에 퍼지니
강물의 반은 푸르스름하고 반은 붉구나
구월의 초사흘 밤은 정말로 애잔하고
이슬은 진주 같고 달은 활 같다

식민지 시대와 독재 시대를 거친다는 것이 국가와 민족에게 얼마나 나쁜 영향을 끼치는가 하는 것은 우리의 경우를 보면 금세 알 수 있다. 압제의 세월을 산 것도 억울하지만 굴종과 눈치 보기, 정신의 황폐화, 도덕의 실종이 그 몇 배의 세월 동안 엄청난 후유증을 남기기 때문이다. 거기다 문명화라는 미명하에 우리는 인정, 인심, 관용과 아량, 베풂, 이웃 사랑, 훈훈함…… 이런 좋은 말들과 함께 그런 마음도 다 잃어버렸다.

그래서 무슨 일만 터졌다 하면 그 잘못을 남의 탓으로만 돌리려 든다. 자기만 깨끗하고, 자기 가족만 떳떳하고, 자기 주위 사람들만 괜찮고 나머지 부류는 몽땅 나쁜 사람이요, 죄인 취급이다. 속된 말로 남이 하면 스캔들, 자기가 하면 로맨스인 셈이다.

따지고 보면 우리네 고질병인 냄비 끓기와 남탓병도 먹는 음식과 무관하지 않다. 국적 없는 음식이 판치는 이 마당에 소신과 주관 대신 눈치와 견제만이 난무하는 것은 당연지사다. 맵고 뜨거운 음식 대신 밍밍하고 미지근한 음식만 먹다 보면 참을성과 끈기가 없어지게 되고, 된장찌개와 콩나물국 대신 빵과 인스턴트 식품만 먹게 되면 체위는 커지지만 체력은 떨어진다. 하기야 이 땅에 사는 사람들 절반 이상이 이미 라면 중독에 걸리고 요즘 세태가 아침밥 먹고 나온 사람을 간 큰 남자로 비꼬는 판에 우리 음식 먹기가 얼마나 힘겨운 노릇인가.

얼마 전 TV 광고에서 맞벌이 젊은 주부 왈, 파는 김치 제대로 고르는 것도 생활의 지혜라나. 그런 우울한 광고를 보며 저녁을 먹던 날, 난 속으로 아직은 김치를 담궈 주는 아내에게 눈물나게 고마워하며 평소보다 두 배의 김치를 먹어 치웠다.

몇 년 전만 해도 취재차 또는 여행길에 각 지방에 들러 토속음식 먹는 재미가 그만이었는데 이젠 '아, 옛날이여'가 되고 말았다. 허름한 집에서 도타운 정이 묻어 나오는 주인 아주머니의 손맛이 담긴 음식을 먹노라면 객지의 여독이 쉽게 풀리곤 했었다. 하지만 다시 가본 그 집들은 모두 현대식 건물로 바뀌었고, 늘어난 종업원들은 불친절하기가 일쑤고, 음식맛은 왜 그렇게 천편일률적인지 기가 찰 지경이다.

이런 사태는 모두가 다 TV와 신문·잡지의 맛자랑 코너들 때문이다. 물론 숨겨진 맛있는 집들을 널리 소개해 주려는 의도는 알겠는데 그 결과가 너무 처절하게 나타났다. 한 마디로 '우리 음식의 철저한 파괴 내지는 실종'이다. 이웃한 음식점마다 나붙은 원조 타령에, 서울 사람—서울에 사는 사람—입맛에 맞춘 설탕·조미료 범벅의 요상한 음식에, 판에 박힌 똑같은 메뉴에 울화가 치밀 정도다. 먹거리의 고장이었던 호남도 사정은 마찬가지. 그 중 낫기는 한데 예전의 정취는 오간 데 없다. 이젠 제발이지 매스컴에서 맛자랑 따위의 코너는 사라져 주었으면 좋겠다. 이러다간 몇 년 안에 전국토의 갈비·토종닭·영양탕화가 이루어질지도 모른다. 생각해 보라, 매일매일을 이웃집 식단과 똑같은 음식을 먹는다는 것이 얼마나 곤욕인가를.

하기야 갈수록 편한 것만 찾는 세태라 장 담그는 집도 많이 줄었고, 아침은 빵과 우유로, 자녀들은 인스턴트 식품의 홍수 속으로 밀어넣고, 걸핏하면 외식 타령이니 그 집 특유의 음식을 지켜 나갈 여유가 어디 있으랴마는.

혹자는 그럴지도 모르겠다. 요즘같이 엄청난 사고가 매일 터지는 마당에 한가하게 먹는 타령이냐고. 하지만 금강산도 식후경이라고 제대로 먹을 줄 아는 사람이 일도 제대로 하고, 제대로 된 생각을 갖게 마련이다. 의학계에서도 아침 제대로 먹는 사람이 그렇지 못한 사람보다 더 건강해진다고 한다.

이 땅의 아내들이여, 가족들을 위해 제대로 된 음식을 장만하기를……

【註】
1) 一道殘陽(일도잔양): 한 줄기 빛을 발하고 있는 석양.
2) 鋪(포): 펴다, 깔다, 퍼지다. 鋪裝.
3) 瑟瑟(슬슬): 원래는 珠玉의 이름이지만, 이 詩에서는 햇빛에 비친 강물이 푸른색을 띠고 있음을 뜻한다. '瑟瑟'은 바람이 쓸쓸하게 부는 소리를 뜻하기도 한다.
4) 可憐(가련): 가엾다, 불쌍하다, 귀엽다, 사랑스럽다, 멋스럽다.
5) 似(사): 비슷하다, 흡사하다.

登鸛雀樓
王之渙

白日依山盡
黃河入海流
欲窮千里目
更上一層樓

관작루에 올라
왕지환

해는 산 너머 지고
황하는 바다로 흘러들어가는데
저 멀리 고향길 굽어보려고
다시 한 층 더 누각을 오르네

사람들은 누구나 높은 곳에 오르길 좋아한다. 누가 가르쳐 주지 않아도, 무슨 특별한 이유가 없어도 애들은 끼리끼리 산에 올라가서 잘 논다. 고등학교나 대학에 다닐 때 친구들과 캠핑 한번 가보지 않은 사람 없을 것이다. 산이 좋아서, 거기 가면 텐트 치기 좋고 늘 물이 있으니까, 산봉우리들을 종주하면 인내력도 키우고 우애도 깊어지고 신체도 건강해지니까 기를 쓰고 산에 간다. 북한산이나 관악산에 오르는 중간중간에 아래를 내려다보면 저절로 부끄러운 마음이 우러난다. 사람과 집과 건물과 차들이 모두 개미만큼 보이니 그 속에서 나란 존재는 과연 무엇인가, 그 티끌만한 세상에서 무얼 그리 아옹다옹 산단 말인가, 그 와중에 시기하고 질투하고 미워하는 이유가 뭘까를 자문하게 된다.

정상에 오르면 누구나 심호흡을 새롭게 하고, 인사를 나누고, 포기하지 않고 오른 것에 기뻐하고, 소리를 지른다. 정상에서 바라보는 하늘은 늘 새롭다. 잠시나마 세속의 때를 벗기고 바라보니 새로울 수밖에 없다. 하지만 그것도 잠시, 내려오는 길에 술도 마시고, 음식물을 어지럽게 늘어놓고는 게걸스럽게 먹기도 하도, 밑에 가서 뭘 하자고 의논을 하다가는 싸우기도 한다. 불과 몇 분 전 산에 오를 때, 올랐을 때의 그 마음을 어느새 까마득하니 잊고는 다시 세속에 깊이 파고든다. 그래서 사람은 언제나 미망(迷妄)에 빠져 사는 존재인가 보다.

어렸을 적에 길거리나 골목에서 무슨 구경거리가 생겨 사람들이 많이 모이면 키는 작고 잘 보이지는 않고 해서 까치발을 해서 기를 쓰고 본 기억들이 있을 것이다. 해서 어른들이 귀밑을 잡고 치켜 올려주거나 무동을 태워 주면 신나 했다. 당시 2층집에 사는 친구들은 선망의 대상이었다. 2층에서 본 골목길은 늘 새로웠다. 키만큼의 시야에서 바라본 것보다 몇 배나 멀리 그리고 많이 보이는 풍경이 답답했던 가슴을 탁 트여 주었다. 2층에 서 있으면 갑자기 나이가 더 든 것 같기도 했다.

어렸을 적 다니던 산은 깨끗했고 먹을것도 많았는데 요즘은 지저분하고 먹을것도 별로 없는 것 같아 안타깝다. 다 사람들이 그렇게 만든 것이다. 지구상에서 제일 극성맞은 우리 나라 사람들 때문에 온 산들이 다 몸살을 앓고 있다. 가만히 있는 나무에 생채기를 내고, 바위를 깨고, 이름을 새기고, 온갖 쓰레기를 남기고 온다.

끔찍하게 몸을 생각하는 사람들 때문에 이제는 산도 도시 안처럼 번잡스럽다. 산에 다녀오면 기분이 맑아지는 것이 아니라 수시로 부딪히는 사람들 때문에 더 짜증이 난다. 그래서 요즘은 근교에 있는 산은 절대로 가지 않는다. 아직 수양이 덜 된 모양이다. 조용한 산에 오르고 싶다.

【註】
1) 鸛雀樓(관작루): 唐代의 蒲主(지금의 山西省 永濟縣)에 있던 누각.
2) 白日(백일): 해, 태양.
3) 依山(의산): 산에 기대다. 西山에 걸려 넘어가는 해.
4) 欲窮(욕궁): ~하고자 하다, ~할 궁리를 하다.
5) 千里目(천리목): 천 리를 굽어보다, 천 리를 한 번에 보다.
6) 更上(갱상): 다시 오르다.

> 山行
> 杜牧
>
> 遠上寒山石徑斜
> 白雲生處有人家
> 停車坐愛楓林晚
> 霜葉紅於二月花
>
> **가을 산자락에서**
> 두목
>
> 멀리 가을산 위로 돌길이 비스듬히 보이고
> 흰 구름 피어나는 곳에 인가가 보이네
> 잠시 수레를 멈춰 저녁 무렵 단풍을 즐기니
> 서리맞은 잎새는 2월의 꽃보다 붉구나

사람마다 차이는 있겠지만 산행은 아무래도 가을 산행이 제격이 아닐까 싶다. 날씨도 적당하고 볼거리도 많고 공기도 쾌적해서 제격이다. 사람들은 단풍 구경 하느라 가을산에 많이 오르지만 꼭 단풍이 아니더라도 가을산에 오르면 이것저것 좋은 게 많다.

우선 가을산은 멀리서 바라만 봐도 시원하다. 울긋불긋 단풍이 든 것도 그렇고, 적당히 떨어진 낙엽이 빼곡이 들어선 숲의 답답함을 덜어 주는 것도 그렇다. 산에 들어서면 보이는 모든 것들이 여유로워 보인다. 세찬 비바람이 불어닥칠 일이 없으니까 산에 있는 모든 것들이 긴장을 풀고 느슨하게들 있다. 들짐승들이 먹을것도 많아 다람쥐, 청설모, 오소리가 별로 경계하는 빛도 없이 잘 돌아다닌다. 꽃들은 마지막 자태를 뽐내느라 바쁘고, 잎새들은 잎새들대로 온갖 치장을 해서 보는 이를 즐겁게 한다. 잎새들이 그러는 모습은 처연하기도 하다. 식물학적으로 따지면 단풍은 사람들한테만 멋져 보이지 나뭇잎의 입장에서 보면 늙고 병들었다는 증거밖에는 안 된다. 몇몇 잎새를 빼고는 누렇고, 붉고, 연하게 색깔이 변하는 것은 빛이 바랜다는 뜻이고, 자신이 간직하고 있던 사진이 빛 바랜다고 좋아할 사람은 아무도 없질 않은가. 심한 표현을 하자면 서리 맞은 단풍을 보노라면 꼭 퇴기(退妓)를 보는 것만 같아 씁쓸할 때도 있다.

 가을산은 아주 쾌적해서 다른 때 같으면 얼마 오르지 못해서 잠시 쉬었다 갈 것을 한참을 더 오르고도 숨이 차지 않는다. 공기도 맑고 선선한 바람이 여기저기서 불어오기 때문이다. 게다가 바람이 숲을, 나뭇잎을 스치는 소리가 시원하게 들려서 산새 소리와 함께 땀을 식혀 주기도 한다. 흘러내리는 계곡물 소리도 지나치지 않아 좋다. 도심에서 바라보던 하늘이 늘 흐린 데 비해 산에서 가까이 올려다보는 하늘은 자못 맑다. 도심에 묻혀 살 때는 답답하고 그랬는데 산에서 잠시 내려다보는 내가 사는 동네는 한가롭기까지 하다. 나무는 월동 준비를 하느라 조금 바쁜 듯하지만 바위와 돌들은 마냥 여유를 부린다. 여름 내 내린 비로 깨끗하게 몸단장을 하고는 사람들의 손길이 닿기를 기다린다. 비탈길을 오르거나 암벽을 오를 때 사람들은 바위를 짚기도 하고, 위태롭게 놓여 있는 돌멩이들을 편안한 자리로 옮겨 준다. 새로운 보금자리를 기다리던 돌멩이들은 환호성을 지른다. 가을산 정상에 서면 세상 부러울 것이 없다. 촌스럽게 '야호'를 외치지 않아도 사방에서 불어오는 시원한 바람에 몸과 마음이 다 소쇄(瀟灑)하다. 넉넉하다. 그런 정상 기슭에서 잠시 눈을 붙이고 나면 인간 세상에서 1년은 푹 자고 난 것만 같다. 산행은 역시 가을 산행이 제격이다.

【註】
1) 寒山(한산): 서늘한 산, 곧 늦가을의 산을 말한다.
2) 石徑(석경): 돌길, 돌이 많은 좁은 길. '徑'은 '逕'과 같다.
3) 斜(사): 비낄, 비스듬할. 斜面.
4) 生處(생처): 생겨난 곳, 이는 곳.
5) 停車(정거): 수레를 멈추다. 男兒須讀五車書(남아라면 모름지기 다섯 수레 분량의 책을 읽어야 하느니)는 흔히 杜甫의 시에 나오는 표현으로 알고 있는데 原典은 『莊子』「天下」篇이다. '惠施多方 五車之書(혜시라는 사람은 학문이 넓은데 그 방법이 雜駁하다고 이야기하면서 그가 가지고 있는 책이 다섯 수레가 된다고 했다)'.
6) 坐(좌): ~하기 때문에, ~으로 인하여.
7) 霜葉(상엽): 서리 맞은 잎새.
8) 於(어): ~보다. 어조사. ~에, ~에서의 뜻도 있다.

終南望餘雪
祖詠

終南陰嶺秀
積雪浮雲端
林表明霽色
城中增暮寒

종남산의 잔설을 바라보며
조영

종남산의 북쪽 봉우리 높이 솟아
그 쌓인 눈이 구름 위에 떠 있네
숲 위로 하늘이 맑게 개었으니
성 안에선 저녁 추위가 더하네

눈 오는 밤

우리들 사랑이 담긴 조그만 집에

옹기종기 모여 정다운 이야기

서로의 즐거움 슬픔을 나누던 밤

지금도 잊을 수 없는 즐거운 시절

내 마음속에 추억만 남아

오늘도 눈 오는 밤 그날 생각하네

그 시절의 친구들은 어디에서 무얼 할까
우리들의 얘기할까 누구를 만나든지
자랑하고 싶은 우리들의 친구 이야기들
세월이 흘러 흘러 가서 먼 훗날이라도
그때 그 친구들 다시 만나겠지
오늘도 눈 오는 밤 그날 생각하네

어두운 밤 하늘에 수놓듯이
하나하나 오는 조그만 눈송이
우리의 마음 활짝 열어 주네
세상은 변하고 변해 달라지지만
어린 시절 그때 그 눈처럼
내 마음을 마냥 들뜨게 하네

조하문이 1987년에 발표한 곡으로 이 노래를 들으면 괜히 마음이 훈훈해진다. 조하문은 원래 '마그마' 라는 그룹으로 1980년 대학가요제에 나와서 〈해야〉를 불러 입상했다.

당시로서는 좀 특이한 창법으로 노래를 해 남다른 인상을 심어 준 가수다. 그 뒤에 〈내 아픔 아시는 당신께〉란 노래로 한동안 인기를 모았다.

1987년은 격동의 한 해였다. 6·10 민주화항쟁으로 전두환 정권이 꼬리를 내리고, 노태우 전대통령이 6·29 선언을 발표해 대통령 직선제를 수용한 해가 1987년이다. 당시 군부에서는 친위 쿠데타 얘기도 나왔고, 군병력으로 시위를 진압하자는 강경책도 나왔지만 도도히 흐르는 역사의 대세 앞에서, 민주화에 대한 국민들의 열망 앞에서는 아무런 힘도 쓸 수가 없었다.

그 해 5, 6월은 늦봄, 초여름인데도 서울 시내는 참으로 추웠다. 청와대와 군부에서 불어오는 세찬 바람이 온 시내를 싸늘하게 했지만 곧 훈풍이 불어오기 시작했다. 역사는 그렇게 흐른다. 역사는 도도히 흐르는 강물과도 같다.

【註】
1) 終南(종남): 종남산. 唐의 수도 長安 남쪽에 있는 산 이름.
2) 陰嶺(음령): 북쪽 봉우리. 산은 남쪽, 물은 북쪽이 양이다. 장안에서는 종남산의 북쪽만 보인다.
3) 端(단): 끝, 가, 가장자리. 極端.
4) 林表(임표): 숲의 밖, 숲 위의 하늘.
5) 霽色(제색): 비나 눈이 그치다, 그친 상태, 쾌청한 모양.
6) 增(증): 더하다. 增大.

> 還自廣陵
> 秦觀(宋)
>
> 天寒水鳥自相依
> 十百爲群戲落暉
> 過盡行人都不起
> 忽聞冰響一齊飛
>
> 광릉에서 돌아오는 길에
> 진관(송)
>
> 매서운 날씨 물새들 서로 몸을 의지하고
> 석양빛 아래 떼지어 노느라 정신이 없네
> 행인들이 다 지나가도록 꿈쩍도 않더니
> 갑자기 쨍 하니 얼음 깨지는 소리에 일제히 날아오르네

이 시를 보면 다큐멘터리 『새들은 살아 있다』를 보고 있는 듯한 느낌이 든다. 날씨가 아주 춥거나 더우면 애나 어른이나 새나 짐승이나 다들 꼼짝도 하기 싫어한다. 하지만 다른 것은 여름에는 누구나 옆에 누가 있는 것을 아주 싫어하고, 겨울에는 누군가의 체온이 그리워진다는 것이다. 이것을 절실하게 느낀 것은 신영복 선생의 『감옥으로부터의 사색』을 읽고 난 이후다. 좁디좁은 감방에서 여름에는 옆에 붙어 있는 동료 수인이 그렇게 밉

다가도 겨울이 되면 누군가의 체온이라도 빌려서 그 추위를 피해 보고 싶다는 것이다. 하기는 꼭 감옥이 아니더라도 군대 갔다온 대한민국 남자라면 누구나 공감할 수 있을 것이다. 지금이야 군 시설도 많이 좋아졌겠지만 전에는 그야말로 말이 아니었다. 여름이면 내무반은 찜통이었고, 겨울에는 또 대책 없이 추웠다. 해서 동료 병사들이 한없이 밉다가도 또 애타게(?) 그리워지기도 했다.

새들도 마찬가지일 게다. 더구나 강바람은 또 얼마나 드센가. 잔뜩 깃털을 몸에 밀착시키고 끼리끼리 모여서 추위를 피하는데 행인들이 지나간다고 꿈쩍할 새들이 아니다. 또 그 옆에서는 한 무리의 새들이 지는 해를 아쉬워하며 온갖 장난을 쳐대고 있다. 인간과 마찬가지로 그렇게 뛰노는 새들은 아마도 어린 새거나 비교적 젊은 새들일 것이다. 그 녀석들 역시 노는 데 정신이 팔려 사람들이 지나가는 것에 신경 쓸 엄두가 나지 않는다.

지나는 사람들은 그렇게 꿈쩍도 않는 새들이 조금은 밉살스러울 것이다. 잔뜩 웅크리고 길을 가면서 '새들이 하늘을 훨훨 날아서 군무라도 펼쳐 주면 잠시 추위가 가실 텐데 도대체 저 녀석들은 왜 꿈쩍도 않는 거야, 못된 녀석들' 하고.

그런데 웬걸, 해가 기울면서 급격한 기온 차이로 인해 얼음에 금이 가면서 '쨍' 하는 소리가 나자 추위에 떨고 있던 놈들, 그 와중에도 부리로 열심히 깃털을 가다듬던 놈들, 꼬닥꼬닥 졸고 있던 놈들, 옆에 있는 녀석들과 노느라 정신이 없던 놈들이 모두 화들짝 놀라서 일제히 날기 시작하는 것이다. 새들의 갑작스런 비상은 참으로 보기 좋다. 황홀하기까지 하다. 겨울이면 서해안에 나타나는 수만의 가창오리떼의 그 화려한 군무와 비상만큼은 아니더라도 수백의 물새들이 한꺼번에 비상하는 장면은 아름다울 것이다. 그들이 멀리 날아가기까지 불과 몇 분 안 되는 그 시간에 인간들은 추위를 잊고 가던 길을 잠시 멈추고 감상에 빠져들 것이다.

사족 한 가지를 덧붙이자면 요즘은 얼음 깨지는 소리 대신 자동차 경적 소리나, 공기총 소리에 새들이 놀라 자빠질 것이다.

【註】
1) 廣陵(광릉): 지금의 江蘇省 揚州市.
2) 天寒(천한): 하늘이 춥다, 날씨가 매섭다.
3) 自相依(자상의): 서로 함께 의지하다. 사람도 그렇고 짐승도 그렇고 새들도 그렇듯이 추울 때는 서로 의지하는 것이 추위를 견디는 지름길이다.
4) 群戲(군희): 떼지어, 무리지어 놀다. '群'은 '羣'의 俗字.
5) 落暉(낙휘): 저녁 햇빛. 落照.
6) 都(도): 모두, 다. 都合.
7) 忽聞(홀문): 문득 듣다. 忽然.
8) 冰響(빙향): 얼음 소리, 얼음 깨지는 소리. '冰'은 '氷'의 本字.

> 夜泉
> 袁中道(明)
>
> 山白鳥忽鳴
> 石冷霜欲結
> 流泉得月光
> 化爲一溪雪
>
> 밤 계곡에 흘러내리는 물
> 원중도(명)
>
> 산이 갑자기 환해지니 새가 놀라서 울고
> 차가운 바위에 서리가 맺히는 듯하고
> 흐르는 계곡물 달빛을 받아
> 일대 계곡이 온통 눈으로 덮힌 듯하다

'월광(月光)' 하면 떠오르는 것이 Beethoven 의 피아노 소나타 〈월광〉이다. 베토벤은 평생을 두고 32곡의 피아노 소나타를 비롯하여 숱한 피아노곡을 작곡했지만, 이 작품들은 모두 피아노 명연주자로서의 그의 특성과 활약상을 반영한 것이었다. 그의 피아노 소나타는 피아노 음악의 최고봉으로 꼽히고 있으며, Bach의 『평균율 클라비어곡집』을 '피아노의 구약성서'라고 하는 데 비해 베토벤의 『피아노 소나타 전집』은 '피아노의 신약성서'

라고 부른다.

그의 32곡의 피아노 소나타 중에서 가장 많이 알려진 곡이 바로 〈월광〉이다. '월광' 이란 명칭은 베토벤 자신이 붙인 것이 아니라 19세기 독일의 시인이자 비평가 렐슈타프(Heinrich Ludwig Rellstab)가 처음 언급한 것으로 알려져 있다. 그는 자신의 에세이에서 이 작품의 1악장을 '달빛이 떠 있는 은은한 스위스의 루체른 호반. 그 위로 노를 저어 가는 외로운 조각배'의 이미지와 연결시켰다.

아다지오 소스테누토(음가를 지켜 충분히 느리게)라는 지시어가 딸린 1악장은 그냥 단순한 환상곡 풍의 소품으로 따로 떼어서 들어도 충분하다. 밤에 어둠이 가득한 방에 혼자 앉아 이 곡을 들으면 살아온 날들에 대해 성찰을 하게 된다. 뭐 그렇다고 회한의 눈물을 흘리거나 크게 반성을 하거나 그런 성질의 것이 아니다. 눈감고 가만히 앉아서 지난 일들을 떠올려 보는 것이다. 그러면 묵직했던 가슴속이 조금 후련해지고 정신도 맑아진다.

그런 연후에 잠시 여행을 떠나 본다. 가까운 북한강이나 남한강, 아니면 소양호나 충주호로……. 진짜 가보는 것이 아니라 전에 본 기억을 더듬어 보는 것이다. 그러면 굳이 많은 시간과 경비를 들이지 않고도 여행의 묘미를, 그 넉넉하고 편안한 기분을 맛볼 수 있다. 15분 내외의 이 곡이 방 안에 흐르는 동안 마음 놓고 호젓하게 어디든 다녀올 수가 있다. 제주도면 어떻고 더 멀리 외국이면 또 어떠리.

혼자도 좋고 한두 사람을 끼워 줘도 좋다. 밤낚시를 생각해도 좋고, 강가에 앉아 소담스럽게 얘기를 나누어도 좋고, 말없이 호수에 내려앉는 달빛을 떠올려도 좋다. 그렇게 자유 여행을 하다가 어느덧 〈월광〉소나타가 끝나면 1악장을 노래로 부른 Shangri Las라는 여성 그룹의 〈Past, Present & Future〉를 이어서 들어 보시라. 노랫말대로 과거·현재·미래를 오가면서 삶을 반추해 볼 수 있을 것이다. 이 노래는 우리의 귀를 스테레오로 해서 들으면 더 좋다. 피아노 반주는 반주대로, 감미로운 여성 보컬의 토크는 토크대로 분리해서 들으면 금상첨화다. 잠이 안 올 때 이 두 곡을 연달아 들으면 거짓말같이 금세 잠이 든다. 나도 모르게…….

【註】
1) 山白(산백): 산이 온통 하얗다. 달빛을 받아 산이 하얗게 되다. 王維의「鳥鳴澗」참조.
2) 鳥忽鳴(조홀명): 새가 갑자기 울다. 놀라서 울다.
3) 霜欲結(상욕결): 皎皎한 달빛이 바위에 비치면 마치 서리가 내린 듯하다.
4) 得月光(득월광): 달빛을 얻다, 달빛을 받다.
5) 化爲(화위): ~화하다, 변해서 ~이 되다.

> 四時
> 顧愷之(東晉)
>
> 春水滿四澤
> 夏雲多奇峰
> 秋月揚明輝
> 冬嶺秀孤松
>
> 일 년 풍광
> 고개지(동진)
>
> 봄물은 사방 못에 가득 차고
> 여름 구름은 기묘한 봉우리를 만들고
> 가을달은 맑은 빛을 더 맑게 하고
> 겨울 고갯마루엔 외로운 소나무 빼어나도다

'4계절이 있어서 꼭 좋은 것만은 아니다. 대단히 유감스러운 얘기지만 우리 민족한테는 4계절이 별로 좋지 않은 심성을 심어 주었다. 이 4계절 때문에 우리 나라 사람들은 중요한 것들을 너무도 쉽게 잊고 산다. 추운 겨울이 지나고 봄이 오면 사람들은 따사로운 봄기운에 취해 지나간 겨울을 잊고, 무더운 여름이 오면 지나간 봄의 고마움을 잊고, 서늘한 가을이 오면 지난 여름의 뙤약볕을 잊고, 눈보라 치는 겨울이 오면 지난 가을의 풍요로움을 까마득하게 잊어버린다. 그래서 쉽사리 잊어서는 안 되는 일들까지도 다 뭉뚱그려서 망각의 저 편으로 가두어 버린다. 지난 시절 못할 짓들을 많이 했던 정치인, 기업가, 군인, 관료들을 금방이라도 때려 죽일 듯이 비난들을 하다가도 몇 해만 지나면 새까맣게 잊고는 관용이니 화해니 하는 듣기 좋고 허울 좋은 수식어들을 붙여 너무 쉽게 용서해 주곤 한다. 단죄할 것은 단죄하고 치죄할 것은 치죄하고 혼내 줄 것은 혼내 주고 용서해 줄 것은 용서해 주고 해야 하는데 2, 3년만 지나면 구렁이 담 넘어가듯 슬그머니 넘어가도 다 눈들을 감아 주고 나 몰라라 하고 고개를 돌려 버린다. 그래서 역사적으로 볼 때도 친일파를 제대로 단죄하지 못했고, 새 정권이 들어서도 구정치인들을 완전히 불식하지 못했고, 지난 정권의 커다란 의혹이 숨겨진 사건들을 제대로 파헤치지 못했고, 광주학살의 원흉들을 아직도 밝혀내지 못했고, 이권이 걸린 굵직굵직한 국책사업들의 비리를 하나도 들춰내지 못했고, 그저 좋은 게 좋은 거라는 식으로 묻어 두기만 할 따름이었다. 이것이 다 4계절이 너무도 뚜렷한 나머지 지난 세월을 너무도 쉽사리 잊으려 드는 못된 고질병이 되지 않았나 싶어 답답할 뿐이다.'

 이 말은 어느 문인이 술자리에서 우연히 한 말인데 지나친 독단

같아 보이지만 어느 면에서 보면 상당히 설득력이 있는 분석이 아닌가도 싶어 어릴 때부터 '4계절 우상화 교육'에 물들며 살아온 내 자신이 부끄러울 때도 있었다.

하기는 4계절이 뚜렷하다는 것도 다 옛말이어서 날이 갈수록 봄과 가을의 길이는 줄어들고 여름과 겨울만이 판치는 세상이 되기도 했으니 우리네 정서도 변할 날이 그리 멀지 않은 것도 같다. 변해서 좋은 것도 많다.

【註】
1) 四澤(사택): 천지 사방에 있는 못. 沼澤. 산골짜기와 들에 쌓인 눈이 녹아 사방에 물이 지천인 것을 뜻한다.
2) 多奇峰(다기봉): 뭉게구름이 여기저기 피어난 모습은 숱한 산봉우리가 어깨를 나란히 하고 서 있는 형상이다.
3) 揚(양): 높이다. 올리다. 止揚. 皎皎히 흐르는 가을 달빛은 공기도 쾌적하게 할 뿐 아니라 맑은 기운의 빛들을 한층 더 맑게 해준다. 달도 밝고 공기도 쾌적하면 빛은 더욱 강한 빛을 발할 수 있다.
4) 秀孤松(수고송): 녹음이 우거진 여름에는 산 고갯마루나 숲에 있는 소나무가 별로 드러나지 않다가도 낙엽이 지고 흰 눈이 쌓이는 겨울이면 소나무가 다른 어떤 나무보다도 그 자태를 뽐낼 수 있다. 그래서 겨울 소나무가 최고라고 하지 않는가. 겨울에 뽐내기 위해 소나무는 세 계절을 그렇게 견뎌 왔나 보다.

> **金剛山**
> 宋時烈(朝鮮)
>
> 山與雲俱白
> 雲山不辨容
> 雲歸山獨立
> 一萬二千峰
>
> **금강산**
> 송시열(조선)
>
> 산도 희고 구름도 희니
> 구름인지 산인지 구별할 수 없네
> 구름이 돌아가자 산만이 홀로 섰구나
> 이름하여 일만이천 봉 금강이라네

초등학교 때 배운 노래가 떠오른다.

♪금강산 찾아가자 일만이천 봉, 볼수록 아름답고 신기하구나, 철 따라 고운 옷 갈아입는 산, 이름도 아름다워 금강이라네 금강이라네♪

이 산을 철 따라 봄에는 금강산(金剛山), 여름에는 봉래산(蓬萊

山), 가을에는 풍악산(楓嶽山), 겨울에는 개골산(皆骨山)이라 부른다는 것은 누구나 다 안다.

금강산을 가보지 않은 나로서는 뭐 참고할 거라도 없나 하고 이 책 저 책을 기웃거려 보았다. 다행히 도움이 될 만한 책들이 있어 여기 소개한다.『나의 문화유산답사기』시리즈로 우리 국민의 문화재 사랑과 문화재를 보는 안목을 크게 키워 준 유홍준 교수의『나의 북한 문화유산답사기 하권 — 금강예찬』과『화인열전 1 — 내 비록 환쟁이라 불릴지라도』, 이태호 교수의『조선미술사 기행 1 — 금강산·천년의 문화유산을 찾아서』, 윤범모 교수의『평양미술기행』이 바로 그 책들이다. 적어도 이 책 네 권이면 3박 4일 저들이 안내한 코끼리 다리 만지기식의 관광을 다녀온 사람들보다 훨씬 금강산에 대해 잘 알 수 있을 것이다.

예로부터 금강산은 '서부진 화부득(書不盡 畵不得)'이라고 했다. '글로도 다할 수 없고, 그림으로도 얻을 수 없다는 뜻이다. 하물며 나 같은 사람이야 어디 감히 금강산에 대해 얘기할 수가 있겠는가.

금강산을 그린 그림을 모으면 미술관이 되고, 금강산에 관한 글을 모으면 도서관이 된다는 말이 있을 정도로 금강산을 읊고 노래한 시와 기행문은 많고도 많다. 그림도 마찬가지다. 숱한 화가들이 주눅이 든 채, 넋이 빠진 채로 금강산을 그렸다. 통일신라의 최치원

(崔致遠) 이래 내로라 하는 시인(詩人)과 묵객(墨客), 그리고 명인(名人), 명현(名賢), 명사(名士)치고 금강산을 다녀가지 않은 사람이 없고, 금강을 노래하지 않은 사람이 없다고 할 정도이다.

역시 금강은 시나 기행문, 사진보다 그림이 훨씬 낫다. 그림도 아무 그림이 아니고 겸재, 단원, 소정 등의 그림이어야 그렇다는 얘기다. 진경산수(眞景山水)를 창시한 겸재(謙齋) 정선(鄭敾)이 웅혼한 필치와 장대한 구도로 그려낸〈금강전도(金剛全圖)〉,〈금강대도(金剛臺圖)〉,〈만폭동(萬瀑洞)〉,〈정양사(正陽寺)〉,〈비로봉(毘盧峰)〉등과 같은 한국 미술사의 고전과도 같은 작품들, 단원(檀園) 김홍도(金弘道)가 정조(正祖)의 명을 받고 금강산에 다녀와 심혈을 기울여 그려 바친《금강사군첩(金剛四郡帖)》, 그리고 그의 원숙한 필치가 구사된〈총석정(叢石亭)〉,〈묘길상(妙吉祥)〉,〈구룡폭(九龍瀑)〉같은 불후의 명작들, 근대미술사에서는 소정(小亭) 변관식(卞寬植)이 힘에 넘친 붓놀림으로 그려낸〈외금강 옥류동(外金剛 玉流洞)〉,〈외금강 삼선암 추색(外金剛 三仙巖 秋色)〉같은 숨조차 멎을 대작들……. 이런 대가들의 작품을 보면 어째서 그림이 사진보다 낫고, 시보다 구체적이고, 기행문보다 사실적인지 알게 된다.

군대에서 달이 환하게 뜬 아름다운 밤바다를 보면서 미대(美大) 다니는 동기(同期)를 부러워한 적이 있었다. 달이 정성스레 바다의 잔등에 한 뜸 한 뜸 수놓는 장면을 글로는 도저히 쓸 자신이 없었다…….

【註】
1) 與(여): 더불어. 與民同樂.
2) 俱(구): 함께. 俱歿(구몰: 부모가 함께 다 죽고 없음).
3) 辨(변): 분별하다, 가리다. 辨別.
4) 容(용): 모양, 모습. 容貌.
5) 雲歸(운귀): 구름이 돌아가다, 곧 구름이 걷히다.

白鷗
金炳淵(朝鮮)

沙白鷗白兩白白
不辨沙白與白鷗
漁歌一聲忽飛去
然後沙沙復鷗鷗

갈매기
김병연(김삿갓)

모래도 희고 갈매기도 희고 다 희니
어느 것이 모래고 어느 것이 갈매긴지 분간할 길이 없더니
뱃노래 한 곡조 들리자 갑자기 다 날아가고
그제서야 모래는 모래대로 갈매기는 갈매기대로 나뉘었네

사람들은 특히 남자들은 노소, 직업, 직위 고하에 관계없이 한 울타리에 집어넣으면 동질 의식을 느껴 금세 친해진다. 예비군복을 입혀 놓거나 연수원에 입소를 시키면 너나없이 모두 춥고 배고프고 졸립다고 아우성들이다. 예비군복을 입으면 모두들 사회에서와는 다른 행동들을, 외부인들이 보면 어떻게 저런 행동들을 할 수 있을까 싶은 행동들도 서슴지 않고 해댄다. 같은 유니폼을 입고 같은 장소에서 교육을 받는다는 동류 의식 때문에, 나

하나쯤은 하는 이기적인 사고 때문에 너도나도 튀는 행동을 하기가 일쑤다. 연수원에 입소를 시켜도 마찬가지다. 어떻게 하면 교육을 농땡이치고, 잠을 좀더 많이 자고, 밥을 남보다 일찍 그리고 많이 먹을까로 궁리들을 하는 통에 질서 의식, 직위 의식이 하나도 없다. 휴식 시간에는 실컷 잘 놀고 수다를 떨다가도 수업 시간만 되면 병든 닭처럼 잘도 존다. 그러다가 식사 시간만 되면 쏜살같이 달려가서 남보다 일찍 먹고는 그 남은 시간에 또 열심히 논다. 거기다 밤만 되면 이건 완전히 광란의 날밤 새우기로 작정들을 해서 술파티 아니면 고스톱으로 방마다 열광의 도가니가 된다. 그래 놓고는 회사에 돌아와서 교육 내용이 좋았다느니 이런 교육은 자주 해야 한다느니 마음에도 없는 연수 결과 보고나 건의를 한다.

우리 나라에서 숱하게 행해지고 있는 예비군 교육, 민방위 교육, 새마을 교육, 각종 직장 연수 등이 커다란 효과를 보지 못하고 있는 것도 바로 이런 연유에서라고 해도 틀린 말은 아닐 것이다.

굳이 이런 비유를 들지 않아도 우리 나라 사람들의 모래알 의식은 정평이 나 있다. 해서 우리를 잘 아는 어느 외국인이 이런 말까지 했다지 않는가. '한국 사람들은 개인 경기는 아주 잘 해도 단체 경기는 잘 못한다. 단결이 잘 안 되기 때문이다.'

왜 이런 인상을 심어 주었을까. 간단하다. 방송과 신문을 보면 매일 똑같다. 사고, 무질서, 비리, 구속, 대치, 데모, 지방색, 님비……. 그 이상도 그 이하도 아니다. 나만, 내 가족만 생각하다 보니 남을 배려할 줄 모르고, 비리를 저지르고, 새치기하고, 걸핏하면 시위를 벌이고, 눈만 뜨면 싸움질이고, 또 그러다 보니 부실 공사에 대형 사고가 잇달아 터지고, 그래 봐야 아랫사람들 몇 사람 구속되면 금세 용서하고 잊혀지고…….

이런 망국적인 모래알 의식을 아는 사람은 다 안다. 하지만 문제는 그 답이 없다는 데 있다. 누군가 열심히 고치자고들 외치고, 부르짖는데 따라 주는 사람들이 없다. 지도자가 없어서 그렇다. 국민이 믿고 따를 만한 지도자가 정말이지 너무나도 없다.

【註】
1) 鷗(구): 갈매기. 白鷗.
2) 漁歌一聲(어가일성): 뱃노래를 한 곡조 부르자, 뱃노래 소리가 들리자.
3) 忽(홀): 문득, 갑자기. 忽然.
4) 然後(연후): 그런 후에, 갈매기 떼가 날아가고 난 뒤에.
5) 沙沙復鷗鷗(사사부구구): 함께 있을 땐 몰랐더니 떨어지고 난 뒤에 보니 제각각인 것을 알겠더라.

金剛山(其一)
金炳淵(朝鮮)

橋下東西南北路
杖頭一萬二千峰
金剛萬二千峰月
應作山僧禮佛燈

금강산 1
김병연(김삿갓)

다리 아래로는 동서남북으로 길이 갈리고
지팡이 머리 위로는 일만이천 봉이 솟았네
금강산 만이천 봉에 오늘밤 달까지 뜬다면
응당 곳곳에 있는 산승들이 예불드릴 때 등불로 할 것이로다

그리운 금강산

누구의 주재런가 맑고 고운 산

그리운 만이천 봉 말은 없어도

이제야 자유만민 옷깃 여미며

그 이름 다시 부를 우리 금강산

수수만년 아름다운 산 더럽힌 지 몇몇 해

오늘에야 찾을 날 왔나

금강산은 부른다

비로봉 그 봉우리 짓밟힌 자리

흰 구름 솔 바람도 무심히 가나

발 아래 산해만리 보이지 마라

우리 다 맺힌 원한 풀릴 때까지

수수만년 아름다운 산 더럽힌 지 몇몇 해

오늘에야 찾을 날 왔나

금강산은 부른다

한상억 작사, 최영섭 작곡의 그 절절한 노래다. 이 노래가 조금만 쉬웠더라면, 대중가요로 만들어졌다면 온 국민 누구나가 다 흥얼거리고 따라 불렀을 것이다. 아니다. 가곡으로 만든 것이 훨씬 나았다. 대중가요 같았으면 방송에서 너무 나와 질렸을 것이고, 툭 하면 술 취한 자들의 입에 오르내렸을 테니 행여 그런 망상은 취소다, 취소. 우리 민족은 노래든 볼거리든 먹을거리든 일단 한번 걸렸다 하면, 눈에 띄기만 하면 끝장을 내야 직성이 풀리는 민족이라 보존, 보듬기, 위하기, 조금씩 아끼기, 천천히 하기, 완상(玩賞)…… 이런 단어들하고 거리가 멀다. 멀어도 아주 멀다.

조선조 후기 영·정조 시대의 이름난 화가 강세황—이 책에도 그의 한시(漢詩) 「노상소견(路上所見)」이 실려 있다—은 자신의 금강산 기행기인 『유금강산기(遊金剛山記)』에서 이런 글을 남겼다. '과연 이 산을 보지 못한 사람들에게 자신의 몸이 그 속에 들어가 있는 것처럼 느끼게 할 수 있을까……. 시를 지어 물상을 드러내기 힘든데 누가 그림으로 정교하게 전신(傳神)하겠는가' 하면서도 아름다운 산수(山水)를 표현하는 데는 '시보다 기행문이 낫고, 기행문보다는 그림이 나은 편'이라고 했다. 노래도 그림에 못지않은 법이다. 우리는 금강산에 가봤다.

【註】
1) 橋下(교하): 다리 아래.
2) 杖頭(장두): 지팡이 머리. 작자는 지금 지팡이를 들고 금강산 어느 다리 위에 서 있는 모양이다. 다리 아래에는 여러 갈래로 뻗은 길이 보이고, 지팡이 대가리 위로는 금강의 그 아름다운 일만이천 봉이 보이는 듯하다.
3) 月(월): 달마저 뜬다면, 달까지 뜬다면.
4) 應作(응작): 마땅히 ~하게 될 것이다.
5) 禮佛燈(예불등): 예불드릴 때 등불로 하다. 달이 환하게 뜨면, 거기다 일만이천 봉과 어우러진다면 굳이 다른 불을 켤 필요가 없을 것이다.

> 金剛山(其二)
> 金炳淵(朝鮮)
>
> 有溪無石溪還俗
> 有石無溪石不奇
> 此地有溪兼有石
> 天爲造化我爲詩
>
> 금강산 2
> 김병연(김삿갓)
>
> 물만 있고 돌이 없으면 물이 평범해지고
> 돌만 있고 물이 없으면 돌이 신비롭지 못하다
> 그런데 여기 금강산에 물이 있고 겸하여 돌이 있으니
> 하늘이 조화를 이루고 나는 시를 짓는다

금강산도 식후경(食後景)이란 말이 있다. 아무리 재미있는 일이라도 배가 부르고 난 뒤에 볼 일이라는 뜻이다. 맞는 말이다. 어느 정도 배가 불러야 경치도 눈에 들어오고, 하고 싶은 의욕도 생기는 법이다. 요즘은 전국이 반나절 생활권이라 가족끼리, 친구끼리, 모임끼리 자주 놀러 가는 데 제일 신경 쓰이는 것이 바로 먹는 것이다. 숙박시설이야 콘도에, 민박에, 통나무집에 많아서 별 걱정이 없는데 어느 집엘 가야 바가지 안 쓰고 맛있

게 먹을 수 있을까 걱정들이 많다. 여기 작지만 참고할 만한 노하우를 한 가지 소개한다.

전에 지방을 취재 다닐 때에는 사전에 정보를 수집해 두었다. 평소 먹는 것에 관심이 많았던 관계로 방송이나 신문에 나오는 음식점을 메모해 두었다. 각종 매스컴에 나오는 정보와 그 지방 출신들의 자문, 현지의 택시기사나 나이 드신 분들의 추천을 종합하면 예외가 있을 수 없었다. 또 하나 내 몸으로 직접 부딪혀 쌓아 온 개인적인 체험을 추가하면 거의 95% 이상은 성공이었다. 개인적인 체험이라고 해봐야 남보다 특이한 것은 없었다. 그저 세심한 눈썰미와 요령 있는 입맛만 있으면 된다.

우선은 허름한 집에 가면 된다. 다 그런 것은 아니지만 번드르르한 집보다는 조금은 초라해 보이는 집이 더 향토적이고 토속적인 맛을 간직하고 있다. 그런 집엘 들어가야 주인의 훈훈한 정도 느낄 수 있고 반찬 한두 가지, 눌은 밥 한 술이라도 더 얻어먹는다. 그런 집의 음식이 또 설탕이나 조미료를 안 써서 맛이 개운하고 담백하다. 덤으로 얻는 것이 있다면 그런 데라야 그 지방이나 그 동네의 진짜 민심을 읽을 수 있다는 점이다.

두 번째로, 차림표가 간단한 집에 가면 대개는 성공이다. 뻔한 소리긴 하지만 어느 식당이건간에 메뉴가 많은 집은 영 글러먹었다.

아무리 잘 하는 주방장이라도 그 많은 음식을 다 잘 할 수는 없고, 또 다 잘 할 필요도 없다. 많이 만들다 보면 이것저것 신경 쓰느라 뭐 한 가지라도 제대로 하는 것이 없다. 그 대표적인 예가 기차역 앞이나 버스 터미널 앞이다. 그 부근의 식당엘 들어가 보면 음식은 참으로 다양하다. 다른 음식점에서는 생전 듣도보도 못한 음식들이 수두룩하다. 하지만 그래 봐야 말짱 도루묵이다. 소문난 잔치에 먹을 게 없다고 차림표가 과다하게 많은 집 치고 제대로 된 음식 내오는 집은 아무리 눈 씻고 봐도 없다. 거기다 그런 부류의 장사가 다 그렇듯이 뜨내기 손님 상대라 도무지 깊은 맛도 없고 정도 없는 그런 집들뿐이다. 그래서 난 굶으면 굶었지 역 앞이나 터미널 부근의 식당은 절대로 들어가지 않는다.

세 번째가 음식점 여주인이나 여종업원들의 화장 정도다. 무슨 말이냐 하면 주인이고 종업원이고 간에 보기 심하게 화장들을 한 집은 음식맛이 영 아니올씨다. 가정집이건 음식점이건 간에 여주인이 너무 화사하게 꾸미는 집 치고 음식 대접 제대로 받은 적이 한 번도 없다. 고관대작들이 다니시는 요정이 아닌 다음에야 손님 대접하기에 실례가 안 될 정도로 그저 수수하게 차리면 된다. 얼굴에는 화장 덕지덕지 하고, 손톱에는 시뻘건 매니큐어 바르고, 헤픈 웃음 웃어 가며 음식을 해주는 걸 보면 먹기도 전에 식욕이 뚝 떨어진다. 음식맛은 손맛이고 장맛이라고 했는데 그런 손으로 무슨 놈의 손맛을 내고 장맛을 내겠는가 말이다. 음식 잘 하는 여자들의 손을 보면 마를 날이 없다. 마를 날도 없는데 매니큐어고 뭐고 바를 시간이 어디 있겠는가. 물론 요즘에야 맞벌이 부부도 많고 해서 가정집에서는 예외가 있을 수도 있지만 음식점의 경우에는 아직도 불문율이다. 그래서 여자들이 수수한 차림의 음식점에 가면 3분의 2는 성공이다.

마지막으로, 겉으로 봐서 적당히 손님이 많은 음식점에 들어가면 적어도 실패는 없다. 사람들의 입맛은 크게 다르지 않다. 잘 하는 집에는 손님이 꼬이게 마련이다. 그렇다고 손님이 너무 많은 집에 가면 제대로 대접도 못 받고 음식맛도 못 보고 나오는 경우가 많으니 그런 집은 가급적 피하는 것이 좋다. 요즘이야 각종 '맛자랑' 덕분에 단골들만 알던 음식점도 다 소문이 나서 주인이야 돈 벌어서 좋지만 음식맛은 갈수록 떨어지기만 하는 것이 참으로 아쉽다. 그러니 가급적 매스컴에서 너무 떠든 집은 찾아가지 않는 것이 좋다. 찾아가 봐야 집집이 다 원조라고 써 붙여 놔서 잘 찾을 수도 없다. 그리고 손님이 없어 파리 날리는 집은 뭔가 문제가 있는 집으로 빨리 전업하는 것이 그나마 민폐를 안 끼치는 것이라 가주지 않는 것이 상책이다. 그저 적당히 손님 있는 곳이 대접도 받고, 음식맛도 즐길 수 있고, 또 주인이나 종업원들과 세상 살아가는 얘기도 나눌 수 있다. 혼잡하고 한적한 집만 피하면 음식 나들이의 기본기는 갖춘 셈이다.

【註】
1) 溪還俗(계환속): 물이 다시 평범해지다. 물이 다시 俗世로 돌아가다. 還俗하는 것이 어디 사람뿐이랴.
2) 石不奇(석불기): 돌이 기이하지 않다. 신비롭지 않다. 奇巖怪石도 다 물을 잘 만나야 하는 법이거늘.
3) 此地(차지): 이 땅. 금강산.

九月山
金炳淵(朝鮮)

昨年九月過九月
今年九月過九月
年年九月過九月
九月山色長九月

구월산
김병연(김삿갓)

작년 구월에 구월산을 지났는데
금년 구월에도 구월산을 지나는구나
해마다 구월이면 구월산을 지나노니
구월산의 빛깔은 늘 구월이로다

방랑 시인 김삿갓

죽장에 삿갓 쓰고 방랑 삼천 리

흰구름에 뜬 고개 넘어가는 객이 누구냐

열두 대문 문간방에 걸식을 하며

술 한 잔에 시 한 수로 떠나가는 김삿갓

세상이 싫든가요 벼슬도 버리고

기다리는 사람 없는 이 거리 저 마을로

손에 젓는 집집마다 소문을 놓고

푸대접에 갤신대며 떠나가는 김삿갓

1950년대에 명국환이 불러서 인기를 모은 곡이다. 시대가 암울할수록 이런 노래가 많이 불려진다. 일제시대 우리의 노래 가운데 신나는 곡이 과연 몇 곡이나 있던가. 한편으로는 이 노래를 누가 청와대 만찬에서 자주 불렀다고도 하고, 그래서 또 누가 백담사로 유배 갈 때 참으로 어울린다고 수군들 댔다. 세상일은 그리고 사람일은 한 치 앞도 모른다.

구월산은 조선조 후기 의도(義盜) 장길산 때문에, 그리고 6·25 때는 거기서 암약한 남한의 유격대 때문에 유명한 산이다. TV 드라마에서는 '3840 유격대'로 소개되었는데 정확한 것은 잘 모르겠다. 어찌 보면 역사의 뒤안에 남아 있어야만 되는 산이 구월산의 얄궂은 운명이 아닐까 싶다.

3, 4년 전엔가 한국 락 음악의 대부(代父) 신중현이《김삿갓·신

중현》이라는 이색 앨범을 낸 적이 있었다. 두 장의 CD로 이루어진 앨범인데 김삿갓의 한시(漢詩)를 우리말로 번역해서 노래한 것이다. 번역은 누가 했는지 기억이 안 나지만 알기 쉽게 의역을 해서 김삿갓의 한시를 잘 모르는 사람도 이해가 쉬울 것 같았다. 모두 열아홉 곡이 실렸는데 웬만한 사람들이 알고 있는 삿갓의 대표적인 시들은 다 수록되었다. 타이틀곡은 〈돈(錢)〉으로, 이 앨범을 보고 들으면서 김삿갓과 신중현은 통하는 것이 있다고 여겨졌다. 시공을 초월한 천재들의 만남과 그들이 두런두런 나누는 대화가 거기 들어 있었다. 아쉽게도 잘 알아들을 수는 없었지만…….

'돈이란 천하를 돌고 도는 물건으로서 모두들 사죽을 못 쓰는데 나라를 번영케 하고 집을 번성케 하니 그 힘이 결코 가벼운 것은 아니다. 그러나 왔다가는 가 버리고 들어왔다가는 또 훌쩍 가 버리는 성질이 있어 애써 살고자 하면 죽고 굳이 죽겠다 하면 능히 사는 죽음과 같은 것이다. 그러니까 돈에 너무 집착하면 안 된다.'

【註】
1) 過(과): 지나다, 통과하다.
2) 九月(구월): 앞의 九月은 9월을 뜻하고, 뒤의 九月은 九月山을 뜻한다.
3) 年年(연년): 해마다.
4) 長(장): 길다, 오래 가다.

제7부

고향이 그리워도……

명절이 되면 남들은 좋아해도 눈물짓는 사람들이 있다. 실향민들이 그렇다. 이북을 고향으로 둔 사람들도 그렇고, 이런저런 이유로 해서 고향을 등진 사람들이 그렇다. 갈 고향이라도 있는 사람들은 어찌어찌해서 다녀오면 되지만 수몰지역에 살던 사람들은 벙어리 냉가슴 앓듯이 앓을 수밖에 없다. 또 도회지를 고향으로 안고 사는 사람들은 정말이지 갈 곳이 없다. 콘크리트 빌딩 숲에서 어린 시절을 떠올릴 수는 없다. 그건 추억도 아니다. 특히 서울을 고향으로 가진 사람들은 사정이 더욱 딱하다. 외지인들이 다 점령한 서울은 이미 고향이 아니다.

각설하고, 고향이 그리운 사람들, 가고 싶어도 갈 수 없는 사람들을 위해서 이런 시편들을 골라 봤다. 혹 모른다. 이런 시들이 잔잔한 가슴을 더 후벼파고 아리게 할지……. 정 고향이 그리운 사람들은 어머니를 떠올려 볼 일이다. 우리들의 고향은 바로 어머니니까…….

> 行軍九日思長安故園
> 岑參
>
> 强欲登高去
> 無人送酒來
> 遙憐故園菊
> 應傍戰場開
>
> **전쟁터 군영에서 중양절에 고향 장안을 그리며**
> 잠삼
>
> 굳이 높은 곳에 오르려 하지만
> 술 보내 주는 사람 없구나
> 멀리서나마 고향의 국화를 걱정하노니
> 응당 싸움터 옆에 피어 있겠구나

휴전선

산과 산이 마주 향하고 믿음이 없는 얼굴과 얼굴이 마주 향한 항시 어두움 속에서 꼭 한 번은 천동 같은 화산이 일어날 것을 알면서 요런 자세로 꽃이 되어야 쓰는가.

저어 서로 응시하는 쌀쌀한 풍경. 아름다운 풍토는 이미 고구려 같은 정신도 신라 같은 이야기도 없는가. 별들이 차지한 하늘은 끝끝내 하나인데…… 우리 무엇에 불안한 얼굴의 의미는 여기에 있었는가.

모든 유혈(流血)은 꿈같이 가고 지금도 나무 하나 안심하고 서 있지 못할 광장. 아직도 정맥은 끊어진 채 휴식인가 야위어 가는 이야기뿐인가.

언제 한 번은 불고야 말 독사의 혀같이 징그러운 바람이여. 너도 이미 아는 모진 겨우살이를 또 한 번 겪으라는가 아무런 죄도 없이 피어난 꽃은 시방의 자리에서 얼마를 더 살아야 하는가 아름다운 길은 이뿐인가.

산과 산이 마주 향하고 믿음이 없는 얼굴과 얼굴이 마주 향한 항시 어두움 속에서 꼭 한 번은 천동 같은 화산이 일어날 것을 알면서 요런 자세로 꽃이 되어야 쓰는가.

평생을 전쟁과 휴전과 조국을 노래하다

간 시인 박봉우의 시로, 휴전 직후 신춘문예에 당선작으로 발표된 작품이다. 그후 박봉우 시인이 불의의 사고로 정신적으로 피폐해지기 전까지의 그 몇 년 동안은 창작활동이 가장 왕성했을 때가 아닌가 싶다. 물론 그가 타계한 1990년 직전까지도 시를 쓰긴 했지만 예전만은 못했다.

들리는 말로는 신문기자로 있던 그가 지방에 취재 갔다가 깡패들한테 맞았다고도 하고, 필화 사건에 연루돼 어딘가에 끌려가 흠씬 맞았다고도 하는데, 그래서 그 뒤로는 몸과 마음이 다 황폐해지고 피폐해져서 '요런 자세로' 살다가 갔지만 어디 우리가 모르는 것이 한두 가지랴.

나도 6·25 특집 관계로 전주 시립도서관에 있던 그를 취재한 적이 있었다. 1989년이었으니 돌아가기 한두 해 전이었는데 이미 그는 제 정신이 아니었다. 분단과 독재는 후유증이 너무나도 크다.

【註】
1) 行軍(행군): 전쟁터에 나가 있는 군대의 군영.
2) 九日(구일): 9월 9일, 重陽節.
3) 故園(고원): 고향.
4) 强欲(강욕): 억지로 ~하려 하다.
5) 登高(등고): 높은 곳에 오르다, 산에 오르다. 登山. 중양절에는 높은 산에 오르는 풍습이 있었다.
6) 遙憐(요련): 멀리서 안타까워하다.
7) 傍(방): 곁, 옆. 傍系.

> 見渭水思秦川
> 岑參
>
> 渭水東流去
> 何時到雍州
> 憑添兩行淚
> 寄向故園流
>
> 위수를 보며 고향 진천을 생각함
> 잠삼
>
> 위수는 동쪽으로 흐르는데
> 언제쯤 고향으로 돌아갈까
> 두 줄기 눈물을 흘려 보내니
> 강물 따라서 고향으로 가거라

현재 중국에는 대만을 제외하고 22개의 省, 5개의 자치구, 4개의 직할시가 있다. 각 省들과 市들은 한 글자로 된 약칭을 가지고 있다.

먼저 성을 살펴보면 강서(江西: 贛감), 강소(江蘇: 蘇소), 감숙(甘肅: 隴롱), 광동(廣東: 粵월), 귀주(貴州: 黔검), 길림(吉林: 吉길), 복건(福建: 閩민), 사천(四川: 蜀촉), 산동(山東: 魯노), 산서(山西: 晉진), 섬서(陝西: 秦진), 안휘(安徽: 皖환), 요녕(遼寧: 遼

요), 운남(雲南: 滇전), 절강(浙江: 浙절), 청해(靑海: 靑청), 하남(河南: 豫예), 하북(河北: 冀기), 해남(海南: 琼경), 호남(湖南: 湘상), 호북(湖北: 鄂악), 흑룡강(黑龍江: 黑흑)성(省) 등이 있다. 그리고 자치구는 광서장족(廣西壯族: 桂계), 내몽고(內蒙古: 蒙몽), 서장(西藏: 藏장)티벳족(族), 신강위굴족(新疆維吾爾族: 新신), 영하회족(寧夏回族: 寧영) 등이 있으며, 직할시는 북경(北京: 京경), 상해(上海: 滬호), 중경(重慶: 渝투), 천진(天津: 津진) 등 4개 도시가 있다.

그런데 각각의 지명들의 유래를 알면 더욱 쉽게 이해할 수 있을 것이다. 각 성의 지명과 약칭을 보면 대부분 해당 지역의 강과 산, 그리고 옛 지명에서 유래했다. 강과 산의 영향을 받은 지명들을 예로 들면 '강서성'의 '감(贛)'은 바로 '감강'―강서성을 거쳐 파양호(鄱陽湖)로 흘러들어가는 강―을 말하며, '감강의 서쪽 지역'을 일컫는다. '섬서'는 오늘날의 하남성 섬현(陝縣) 서남쪽에 있는 '섬원(陝原: 섬평원)의 서쪽 지역'을 뜻한다. 또 산동과 산서의 분기점은 태행산(太行山)이고, 하남과 하북을 가르는 것은 바로 황하(黃河)이고, 호남과 호북을 나누는 것은 동정호(洞庭湖)다. 그리고 기(冀), 노(魯), 예(豫), 진(晉), 진(秦), 촉(蜀) 등은 옛 지명에서 유래했다. 산동성은 옛날 공자(孔子)가 태어났던 노나라가 있던 지역이라서 약칭이 노(魯)이고, 섬서성은 진시황(秦始皇)의 나라 진나라 지역이었기에 약칭이 진(秦)이다. 호북성의 약칭은 악(鄂)인데 악주가 삼국시대 동오의 도읍이었던 곳이라 그렇다. 한마디로 약칭은 그 지역의 대표성을 가장 잘 나타내는 말인 셈이다.

【註】
1) 渭水(위수): 甘肅省에서 발원해서 長安 북쪽을 지나 黃河로 흘러들어가는 황하 최대의 支流.
2) 秦川(진천): 長安을 중심으로 한 그 일대.
3) 雍州(옹주): 長安을 둘러싸고 있는 행정구역의 이름. 곧 장안을 말한다. 잠삼의 고향.
4) 憑(빙): 의지하다, 부탁하다.
5) 添(첨): 보태다, 더하다.
6) 寄向(기향): ~쪽으로 부치다, ~을 향해서 부치다.

> 復愁
> 杜甫
>
> 萬國尙戎馬
> 故國今若何
> 昔歸相識少
> 早已戰場多
>
> 다시 고향을 걱정하며
> 두보
>
> 온 천하가 전쟁의 와중에 있는데
> 고향은 지금 어떨지
> 예전에 돌아갔을 때는 아는 사람 적었는데
> 일찍이 전쟁터에서 죽은 사람이 많았기 때문일세

나라에 무슨 위기가 닥치거나, 선거철이 되거나, 민심이 흉흉해졌을 때 각종 언론에서는 자칭·타칭 유명 인사들의 그 잘난 소견들을 국민들한테 내보이게 마련이다. 그런 인물들의 논설이나 발언들을 자세히 새겨 보면 이 나라에는 왜 그렇게 애국지사가 많은지, 지도층이 많은지, 식견 있는 사람들이 많은지 놀라 나자빠질 지경이다. 우리 사회에 진정으로 그렇게 많은 지도층이 있었다면 왜 나라가 이 지경이 되었는지 도무지 이해가 가질 않는다. 사공이 많으면 배가 산으로 올라간다고, 진정으로 그런 의미에서 배가 올라간다면 울화나 덜 치밀 일이다.

하지만 우리네 사회를 보면 결코 지도층이 그렇게 많지가 못하다. 아니, 많을 수가 없다. 한 나라의 사회, 경제, 정치, 문화 수준은 대개 비슷하게 가기 마련이다. 사회가 발전하면 경제도 거기에 못지않게 어느 정도의 수준을 이루게 된다. 정치 수준이 대단히 높은 나라가 문화 수준만 후진성을 띤다는 것은 상식적으로도 이해가 되지 않는 일이다.

우리네 민도(民度), 국민들 개개인의 의식 수준은 선진국 수준에 다다르려면 아직 멀어도 한참 멀었다. 국민들의 수준은 그렇게 후진성을 면치 못하고 있는데 지도층 인사들의 수준만 유독 높을 리가 없다. 윗물이 맑아야 아랫물도 맑은 법이라고 우리 사회의 총체적이고도 구조적인 후진성은 위아래 할 것 없이 피장파장이다.

그런데도 사회가 어지러울 때 소위 오피니언 리더라는 사람들의 주장을 보면 참으로 한심하기 그지없다. 평상시에는 결코 남들의 모범이 될 수 없는 사람들이 유독 사회가 어려울 때는 자신들이 애국자인 양 입에 게거품을 물고 난리법석들이다. 한마디로 자신들은 '바담 풍' 하면서 서민들만 '바람 풍' 하라는 억지춘향식이다.

자기네 부인들은 호화·사치를 일삼으면서 서민들은 근검·절약

하라고 아우성이고, 자기네 자식들은 어릴 때부터 떼돈 들여 가면서 유학 보내면서 서민들 자식은 괜한 외화 낭비하면서 유학 보내면 안 된다고 일갈을 하고, 자신들은 무슨 때만 되면 철새처럼 시류를 따라 이리저리 몰려다니면서 국민들한테만 중심을 잡으라고 야단을 치고, 자신들이야말로 권력 앞에서 비굴한 웃음을 흘리면서 대다수 국민들한테는 절대권력은 없는 법이니 소신껏 살라고 씨알도 먹히지 않는 소리들을 하기가 일쑤고, 자신들은 때만 되면 국내·국외 할 것 없이 관광이다 골프다 해서 마구잡이로 놀러 다니면서 서민들이 휴가철에 바닷가 근처에라도 갈라치면 우리 민족은 노는 데 팔려서 나라 말아 먹는 민족이라고 매도하기가 다반사다.

한 마디로 우리네 지도층들이 하는 작태를 볼라치면 눈꼴이 시어도 한참을 실 지경이다. 지도층, 유력 인사, 오피니언 리더는 자신들이 만들어서 되는 것도 아니요, 남들이 추켜 세워서 되는 것도 아니다. 존경은 자연스럽게 우러나는 것이어야지 강제로 시킨다고 되는 것이 절대 아니다.

【註】
1) 復愁(부수): 다시 근심함. 杜甫는 전에 근심을 소재로 詩를 쓴 적이 있는데, 다시 한 번 더 쓴다는 뜻에서 제목에 '復' 자를 썼다.
2) 尙(상): 아직, 여전히.
3) 戎馬(융마): 전쟁에 쓰는 말, 무기와 군마, 전쟁.
4) 故國(고국): 고향.
5) 若何(약하): 사정이 어떠함, 어떻게. '若'은 어조사로 쓰였다. 如何.
6) 昔歸(석귀): 예전에 돌아갔을 때. 약 십 년 전을 뜻함. 그 당시는 안녹산과 사사명의 난이 가장 치열하던 때였고, 낙양 일대는 가장 격렬했던 전쟁터였다.
7) 相識(상식): 아는 사람, 낯익은 얼굴.
8) 早已(조이): 이미, 일찍이.
9) 戰場多(전장다): 전쟁터가 많다는 뜻이 아니라 전쟁에서 희생된 사람이 많다는 뜻.

> 絶句
> 杜甫
>
> 江碧鳥逾白
> 山靑花欲然
> 今春看又過
> 何日是歸年
>
> **고향을 그리며**
> 두보
>
> 강물이 파라니 새는 더욱 희고
> 산이 푸르니 꽃이 불타는 듯하구나
> 보건대 금년 봄이 또 지나고 있으니
> 언제쯤에나 고향에 돌아갈까

향수

넓은 벌 동쪽 끝으로

옛이야기 지즐대는 실개천이 휘돌아 나가고,

얼룩백이 황소가

해설피 금빛 게으른 울음을 우는 곳

―그 곳이 차마 꿈엔들 잊힐리야.

질화로에 재가 식어지면
비인 밭에 밤바람 소리 말을 달리고,
엷은 졸음에 겨운 늙으신 아버지가
짚베개를 돋아 고이시는 곳

―그 곳이 차마 꿈엔들 잊힐리야.

흙에서 자란 내 마음
파아란 하늘빛이 그리워
함부로 쏜 화살을 찾으려
풀섶 이슬에 함추름 휘적시던 곳,

―그 곳이 차마 꿈엔들 잊힐리야.

전설바다에 춤추는 밤물결 같은
검은 귀밑머리 날리는 어린 누이와
아무렇지도 않고 예쁠 것도 없는

사철 발벗은 아내가

따가운 햇살을 등에 지고 이삭 줍던 곳,

―그 곳이 차마 꿈엔들 잊힐리야.

하늘에는 성근 별

알 수도 없는 모래성으로 발을 옮기고,

서리 까마귀 우지짖고 지나가는 초라한 지붕,

흐릿한 불빛에 돌아앉아 도란도란거리는 곳,

―그 곳이 차마 꿈엔들 잊힐리야.

무지한 군사 독재주의자들에 의해서 40여 년을 파묻혀 있다가 1980년대 중반 이후 국민들에게 알려진 불후의 명시다. 더욱이 김희갑 씨가 작곡을 하고, 이동원·박인수가 멋들어지게 부름으로써 온 국민의 애창곡이 되기도 했다. 원작 좋고, 작곡 뛰어나고, 노래 또한 거기에 못지않으니 이 또한 기쁘지 아니한가.

【註】
1) 絶句(절구): 杜甫는 五言絶句를 그다지 많이 남기지 않았다. 이 詩는 그 중에서도 傑作에 꼽히는 작품으로 제목도 달리 정해진 것이 없어서 그냥 絶句라고 했다.
2) 江(강): 성도에 있는 錦江.
3) 逾(유): 넘다, 더하다. '踰'와 뜻이 같다. 푸른 강물 빛에 대비되어 새의 빛이 더욱 하얗게 보인다는 뜻이다.
4) 花欲然(화욕연): 푸른 산빛에 대비되어 붉게 보이는 꽃빛을 불타는 것 같다고 표현한 것이다. '然'은 '燃'의 뜻으로 쓰였다.
5) 又(우): 또, 다시.
6) 何日(하일): 언제쯤, 어느 날.
7) 歸年(귀년): 고향으로 돌아갈 수 있는 해.

> 聞雁
> 韋應物
>
> 故園渺下處
> 歸思方悠哉
> 淮南秋雨夜
> 高齋聞雁來
>
> 기러기 소리 들으며
> 위응물
>
> 고향이 아득하니 그 어디인가
> 돌아가고 싶은 생각에 바야흐로 걱정이 앞서네
> 회남 땅에 가을비 오는 이 밤에
> 높은 서재에서 기러기 오는 소리 듣네

이별의 노래

기러기 울어예는 하늘 구만 리

바람이 싸늘 불어 가을은 깊었네

아아 너도 가고 나도 가야지

한낮이 끝나면 밤이 오듯이

우리도 사랑도 저물었네

아아 너도 가고 나도 가야지

박목월 시, 김성태 곡의 약간은 애조 띤 가곡이다. 늦가을 사귀던 연인과 마지막으로 만나고 쓸쓸히 혼자 집으로 돌아오면서 옷깃을 세우며 부르던 노래가 아닌가 싶다. 주머니에 술값이라도 있으면 포장마차에 가서 한 잔 마시면서 시름을 달랠 텐데 사정이 여의치 못하면 혼자 터덜터덜 걸어오면서 내내 이 노래를 부를 터였다.

헤어질 때 꼭 계절을 따져서 헤어지는 것은 절대 아닐진대 내 경우도 그렇고, 주위에 있는 사람들도 그렇고 유난히 늦가을만 되면 이별하는 경우가 많았던 것 같다. 산술적으로 따지면 봄, 여름, 겨울에도 비슷하게 헤어질 텐데 가을 이별이 유난히 표가 나는 것은 계절 탓이 아닌가 싶다. 날씨도 스산하고, 거리에는 낙엽이 우수수 날리고, 보도는 황량하고, 찬바람이 슬슬 불어오기 시작해서 안 그래도 겨울 보낼 걱정이 밀려오는데 사귀던 사람이 갑자기 헤어지자고 하니 마른하늘에 날벼락 맞는 셈이 아닌가. 여자들은 잘 모르겠는데 남자들은 헤어지고 나면 금세 표가 난다. 얼굴이 푸석푸석하다든지, 수염을 깎지 않는다든지, 술에 쩔어 산다든지, 매사에 의욕이 없어 보인다든지 해서 단번에 알아 볼 수 있다. 그래서 아무 말 없이 술자리로 끌고 가서 몇 잔 걸친 다음에 '너, 헤어졌구나?' 하면 쓴웃음과 함께 고개를 끄덕인다. 그래서 여자들이 더 독한가 보다. 남자들은 한동안 헤매고 그 여자를 완전히 잊을 때까지는 다른 여자를 사귀거나 결혼은 엄두도 못 내는데 여자들은 언제 그랬냐 싶게 다른 남자도 사귀고 결혼도 쉽게 한다.

    그래도 사람은 이별을 해야 성숙한다. 마음이 훌쩍 커진다.

【註】
1) 故園(고원): 고향. 長安.
2) 渺(묘): 아득하다, 끝이 없다. 渺然. 杳然.
3) 方悠哉(방유재): 바야흐로 걱정이구나. '悠'는 '멀다, 아득하다'는 뜻도 있지만 '걱정하다, 근심하다, 아파하다'는 뜻도 있다.
4) 淮南(회남): 安徽省과 江蘇省을 흐르는 淮水의 남쪽 지방 일대. 작자가 刺史로 있었던 滁州를 말한다.
5) 高齋(고재): 높은 누각에 만든 서재로 군수의 집무실로 쓰인다. '郡齋'와 같다.
6) 聞雁來(문안래): 기러기가 오는 소리를 듣다, 기러기가 우는 소리를 듣다, 그것도 고향인 북쪽 장안에서 날아오는 기러기 울음소리를.

蜀中九日
王勃

九月九日望鄕帶
他席他鄕送客杯
人情已厭南中苦
鴻雁那從北地來

촉땅에서 중양절을 맞으며
왕발

중양절 망향대에 올라
낯선 자리 낯선 곳에서 나그네 보내는 술잔 기울이네
내 마음은 이미 남쪽 지방에서의 괴로움에 싫증이 났는데
기러기들은 어찌해서 북녘 땅에서 날아오는가

고향 땅

고향 땅이 여기서 얼마나 되나

푸른 하늘 끝 닿은 저기가 거긴가

아카시아 흰 꽃이 바람에 날리니

고향에도 지금쯤 뻐꾹새 울겠네

고개 너머 또 고개 아득한 고향

저녁마다 놀지는 저기가 거긴가

날 저무는 논길로 휘파람 불면서

아이들도 지금쯤 소 몰고 오겠지.

'고향' 하면 대한민국 사람 누구나가 다 떠올릴 수 있는 동요다. 초등학교 때 누구나 수십 번씩은 불러 봤을 것이다. 지금 초등학생들은 아마 이 노래를 잘 이해하지 못할 것이다. 아파트 단지내에 아카시아 꽃이 피는 동네에 사는 아이들이라야 그나마 아카시아 흰 꽃이 어떻게 생긴 꽃이라는 것을 알지, 그렇지 못한 아이들은 휘파람 정도만 아는 낱말이고 나머지는 생소할 것이다. 따지고 보면 그건 아이들 탓도 아니다. 사회와 학교와 가정이 우리 아이들을 그렇게 만들었다. 시대가 그렇게 만들었다.

최근 어느 조사 결과를 보니까 우리 나라 사람들 가운데 거의 절반이 타향살이를 하고 있다고 한다. 타향살이라야 서울을 비롯한 수도권과 지방의 큰 도회지 생활일 것이다. 예로부터 이상한 풍조로 이어져 왔던 서울 지향, 도회지 지향이 '너도나도 큰 물(?)에서 놀자, 살아 보자' 로 이어져 다들 고향을 떠난 것이다. 그러니 자연히 고향은 힘 없고 나이 드신 분들만 살고, 지키는 곳으로 남을 수밖에……。

 이젠 웬만한 시골은 시골이 아니다. 시골에도 아파트가 들어서고, 인터넷 시대에 도시와 시골의 구별은 의미가 없다. 그래도 사람들은 수도권으로만 몰리고 있다. 정부에서 뭔가 대책을 내놓아야 한다. 사람들에게 고향을 찾아 주어야 한다.

【註】
1) 蜀中(촉중): 촉 땅에서. 작자의 고향은 멀리 북쪽, 장안인데 당시 촉 땅에서 유랑 생활을 하고 있었다.
2) 九日(구일): 9월 9일, 重陽節.
3) 望鄕帶(망향대): 특정한 이름의 누대가 아니라 그냥 고향을 바라보고자 오른 누대 이름.
4) 送客杯(송객배): 나그네를 보내는 술잔, 송별연에서 건네는 술잔.
5) 已厭(이염): 이미 싫증이 나다, 진작에 싫어졌다.
6) 南中苦(남중고): 남쪽 촉 땅에서 지내는 어려움, 고통.
7) 鴻雁(홍안): 기러기.
8) 那從(나종): 어찌해서.
9) 北地來(북지래): 북쪽에서 오다, 작자의 고향 장안에서 오다.

> 山中
> 王勃
>
> 長江悲已滯
> 萬里念將歸
> 況屬高風晚
> 山山黃葉飛
>
> **산중에서**
> 왕발
>
> 양자강은 슬픔에 천천히 흐르고
> 장차 돌아갈 만 리 먼길 생각하네
> 하물며 가을 바람 불어대는 저녁
> 산마다 색 바랜 낙엽들 날리고 있으니

마른 잎

마른 잎 떨어져 길 위에 구르네

바람이 불어와 갈 길을 잊었나

아무도 없는 길을 너만 외로이 가야만 하나

누구를 못 잊어 그렇게 헤매나

누구를 찾아서 그렇게 헤매나

아무도 없는 길을 너만 외로이 가야만 하나

마른 잎마저 멀리 가 버리면 내 마음 쓸쓸하지

바람 불어와 멀리 사라지면 내 마음 쓸쓸하지

마른 잎 떨어져 길 위에 구르네

바람이 불어와 갈 길을 잊었나

아무도 없는 길을 너만 외로이 가야만 하나

1970년대 중반 장현이라는 가수가 불러 가을을 타는 뭇남자들의 레퍼토리가 되었던 곡이다. 딱히 남자들만 좋아했던 것도 아니다. 젊은 여자들도 많이들 흥얼거리고 다녔다.

적어도 1980년대까지는 가을이면 학생들과 젊은 직장인들이 길거리 공원에서 낙엽들을 많이 주워 모았다. 책갈피에 넣어서 잘 말린 다음에 사랑하는 사람한테 보내는 편지에도 넣었고, 친구들한테 나눠 주기도 했다. 시집이나 소설책에는 읽은 표시로 꽂아 두었고, 교과서나 참고서에는 무슨 부적 같은 의미로 넣어 두었다. 그래 봐야 공부가 더 잘 되는 것도 아닌데 굳이 낙엽 말리기에 정성을 들인 데에는 '남이 하니까 나도' 식의 덩달아 하는 의미도 있었고, 그렇게 낙엽을 말리면서 왠지 모를 푸근함과 어떤 만족감까지 느꼈던 것 같다.

  지금은 여학생들도 그런 의식(?)을 별로 거치지 않는 모양이다. 어디 우리가 잃어버린 것이 낙엽 모으기뿐이랴. 문명화되고 기계화되고 편리한 것만 찾는 세상이 되어서 그런지 갈수록 손이 가고, 품이 들고, 시간과 정성이 들어가는 것을 꺼리게 되지 않았나 싶다. 백화점이고, 편의점이고, 대형 할인매장이고 동네 수퍼나 문방구에 가면 다 파니까 뭐든지 직접 만들지 않게 되었다. 장 담그기, 김치 담그기, 재봉틀을 돌리거나 다듬이질하는 것도 보기 힘든 세상에 그까짓 낙엽 줍기나 모으기가 없어졌다고 탓하는 것도 시대에 뒤떨어진 지나친 복고주의라고 지탄을 받을까 걱정이다. 그래도 책갈피에 넣어 두었던 낙엽이 그리운 것은 사실이다.

【註】
1) 長江(장강): 양자강.
2) 悲已滯(비이체): 슬퍼서 이미 막혔다. 머물렀다. 다시 말해서 슬픔 때문에 잘 흐르지 못한다는 뜻.
3) 將(장): 장차. 將來.
4) 況(황): 하물며, 더구나. '況'은 '況'의 俗字.
5) 屬(속): 마침 ~이다.
6) 高風(고풍): 높게 부는 바람. 곧 가을 바람. 가을에는 하늘도 높고, 바람도 높게 부니 구름도 높이 떠다닐 수밖에.
7) 山山(산산): 온갖 산마다.
8) 黃葉(황엽): 누렇게 변해 버린 잎새. 낙엽.

> 靜夜思
> 李白
>
> 牀前明月光
> 疑是地上霜
> 擧頭望山月
> 低頭思故鄕
>
> 고요한 밤에 고향을 그리며
> 이백
>
> 침상에 내린 밝은 달빛
> 땅 위에 내린 서리인 줄 알았네
> 고개 들어 산마루에 걸린 달 쳐다보다가
> 고개 숙여 고향 생각하네

고향의 강

눈 감으면 떠오르는 고향의 강

지금도 흘러가는 가슴속의 강

아아아아 어느덧 세월의 강도 흘러

진달래 곱게 피던 봄날에 이 손을 잡던 그 사람

갈대가 흐느끼는 가을밤에 울리고 떠나가더니

눈 감으면 떠오르는 고향의 강

산을 끼고 꾸불꾸불 고향의 강
달빛 아래 출렁출렁 가슴속의 강
아아아아 어느덧 세월의 강도 흘러
진달래 곱게 피면 다시 온다고 이 손을 잡던 그 사람
갈대가 흐느끼는 가을이 와도 그 님은 소식이 없었네
눈 감으면 떠오르는 고향의 강

생김새와는 달리 토속적인 노래를 즐겨 부른 것으로 기억되는 가수 남상규의 노래다. 이 노래에 앞서 1960년대에 〈추풍령〉이란 노래가 사랑을 받았었다. 그 뒤로는 일본으로 갔다는 소문과 함께 무대 뒤로 사라져 아쉬움이 남는다.

예나 지금이나 우리 가수들은 왜 그렇게 생명이 길지 못할까. 어떤 가수들은 너무 길어 히트곡 한두 곡으로 평생을 우려 먹기도 하니 세상 참 고르지 못하다. 또 어떤 가수들은 자칭, 타칭 국민가수임을 뽐내면서도 너무 고자세로 일관하고들 있어 실망스러울 때가 많다. 인간문화재들도 국악 프로그램을 마련하면 다 출연하는데 유독 몇몇 가수들은 한 시간짜리 특집이나 무슨 스페셜 아니면 안 나간다, 다른 가수들하고는 한 무대에 서지 않겠다, 출연료는 최고 대우로 해줘야 한다는 등 요구 사항이 많다.

자기네들이 진정한 국민가수라면 대중들이 보고 싶어하는 무대에 서슴지 않고 나와야 한다. 누구 덕분에 국민가수가 됐는데 등 따숩다고, 배부르다고 고자세를 부리면 안 된다.

예술가는 아무나 되는 것이 아니다. 남들이 인정을 해줘야 진정한 예술가지, 거만하고 돈만 밝히는 것이 진정한 예술가는 아닐 것이다.

【註】
1) 靜夜(정야): 고요한 밤. Silent Night.
2) 牀(상): 나무로 만든 침상. 平床.
3) 疑是(의시): ~이 아니가 싶다. ~인가 의심하다. 疑心.
4) 地上霜(지상상): 땅 위에 내린 서리. 달빛이 하도 밝아서 지상에 있는 온갖 것들이 서리가 내린 것처럼 하얗게 보인다고 표현한 것이다.
5) 低頭(저두): 고개를 숙이다. 擧頭의 반대.

> 客中行
> 李白
>
> 蘭陵美酒鬱金香
> 玉椀盛來琥珀光
> 但使主人能醉客
> 不知何處是他鄉
>
> **나그네길의 노래**
> 이백
>
> 난릉 미주 이름하여 울금향으로 빚은 술
> 옥 술잔에 담아 오니 그윽한 호박 빛깔 나네
> 주인이 나그네 취하게만 해준다면
> 어디가 타향인지 알지 못하리

머나먼 고향

머나먼 남쪽 하늘 아래 그리운 고향

사랑하는 부모형제 이 몸을 기다려

천리타향 낯선 거리 헤매는 발길

한잔 술에 설움을 타서 마셔도

마음은 고향 하늘을 달려갑니다

30대 이상의 대한민국 가수 중에 명절 때 방송에 나와서 이 노래 한번 안 부른 가수는 없을 것이다. 명절이면 늘 특수를 누리는 노래, 실향민들이 소주 한잔 걸치며 눈물을 그렁거리며 부르는 노래, 그렇게 들어도 들어도 싫증이 나지 않는 노래가 바로 이 노래다.

　사람마다 즐겨 듣는 노래가 있고, 즐겨 부르는 노래가 있다. 이 두 가지가 일치하기도 하고, 완전히 상충되기도 한다. 오페라 아리아를 즐겨 듣는다고 다 부를 수도 없고, 시대에 뒤떨어졌다는 소리 듣기 싫어서 모임에서 어쩌다 부르는 댄스곡을 즐겨 들을 수는 없는 일이다. 사람마다 성격이나 취향, 체질이 다 다르듯이 또 거기에 맞게 각자 즐기는 노래들이 있다. 물론 장소에 따라 분위기에 따라 상황에 따라 다소 변할 수는 있지만 기본적인 색깔은 숨길 수 없고 바뀌지 않는다. 그래서 어떤 모임에서 처음 만난 사람이 부르는 노래를 들어 보면 그 사람의 절반 이상을 알게 된 셈이다.

　노래를 부르는 가수들도 나름대로 다 색깔이 있다. 처지는 노래를 부르는 사람, 밝은 노래를 부르는 사람, 사랑과 이별을 담는 사람, 살아가는 이야기를 담는 사람, 온 가족이 함께 부를 수 있는 노래를 부르는 사람, 춤이 노래보다 앞서는 사람…….

　그런데 주지의 사실이지만 참으로 희한한 것이 노래대로 사람도 따라간다는 것이다. 〈안개 속에 가 버린 사람〉을 부른 배호, 〈낙엽 따라 가 버린 사랑〉을 부른 차중락, 〈하얀 나비〉를 부른 김정호 등이 안타깝게도 노래와 너무 흡사한 인생을 살다 갔다. 우리들도 그렇다. 밝은 노래를 부르는 사람과 그렇지 않은 사람은 또 노래와 비슷하게들 산다. 그렇다고 너도나도 천편일률적으로 신나는 노래만 부를 수도 없는 일인데…….

【註】
1) 蘭陵(난릉): 지금의 山東省 蒼山縣 서남쪽 부근. 술의 명산지.
2) 鬱金香(울금향): 백합과의 다년초로 祭酒를 빚는 데 쓴다. 울금향으로 빚은 술을 말하기도 한다.
3) 玉椀(옥완): 옥으로 만든 술잔. '椀'은 '碗', '盌'과 같다.
4) 盛來(성래): 담아 오다. 盛水不漏(성수불루: 가득히 채운 물이 조금도 새지 않음. 곧 사물이 빈틈없이 꽉 짜여 있거나 지극히 정밀함을 일컫는 말).
5) 琥珀(호박): 땅 속에 묻힌 소나무·잣나무 등의 진이 변하여 생긴 화석. 황색·갈색·암갈색 등이 있는데 장식물로 많이 쓴다.
6) 但使(단사): 단지 ~하게만 해준다면. '使'는 '敎'와 같다.

> 春夜洛城聞笛
> 李白
>
> 誰家玉笛暗飛聲
> 散入春風滿洛城
> 此夜曲中聞折柳
> 何人不起故園情
>
> **봄날 밤 낙양성에서 피리 소리를 들으며**
> 이백
>
> 누가 은은히 들려오는 옥피리 부는가
> 봄바람 타고 낙양성에 가득 퍼지네
> 이 밤 그 곡조 속에 실린 절양류곡 듣고서
> 고향 생각나지 않는 사람 어디 있으리

성주풀이

낙양성 십 리허에 높고 낮은 저 무덤은

영웅호걸이 몇몇이며 절세가인이 그 누구냐

우리네 인생 한번 가면 저 모양이 될 터이니

에라 만수 에라 대신이야

저 건너 잔솔밭에 솔솔 기는 저 포수야
저 산비둘기 잡지 마라 저 산비둘기 나와 같이
님을 잃고 밤새도록 님을 찾아 헤매노라
에라 만수 에라 대신이야

많은 민요 가수들도 불렀고 특히나 김세레나가 불러서 널리 알려진 민요다. 성주풀이는 무당이 성주받이를 할 때 부르는 노래를 말하는데, 성주받이는 집을 새로 짓거나 옮긴 뒤에 성주를 받아들이는 굿이고, 성주는 집을 지키는 신령을 말한다. 왜 이렇게 꼬리를 이어서 설명을 하느냐 하면 우리는 서구적인 것은 잘 알아도 동양적인 것, 우리 것은 잘 모르기 때문이다.

성주신은 우리네 집지킴이 중에서 가장 으뜸 가는 존재이다. 우리네 선조들은 집을 하나의 작은 우주로 여겼다. 우주에 온누리를 관장하는 하느님이 계시듯, 집에도 집을 돌봐 주는 지킴이가 있다고 믿었다. 우주에는 하느님 외에 하늘과 땅, 산과 바다, 그리고 나무와 바위에 각기 신이 깃들여 있다. 마찬가지로 우리네 집도 집 전체를 성주가 관장한다. 터에는 터주가, 문에는 문신이, 부엌에는 조왕(竈王)이, 우물에는 용신(龍神)이 있다. 이밖에 재운(財運)을 맡은 업, 어린 목숨을 돌보는 삼신(三神), 자손의 복을 빌어 주는 조상신, 뒷간신 따위도 받든다. 따라서 우리네 집은 작은 우주인 것이다. 지금이야 온 천지가 다 아파트라 이런 신들은 어디 갔을지 모르겠다.

우리가 흔히 '북망산이 어디메냐' 할 때의 북망산(北邙山)은 망산(邙山)이라고도 하며, 낙양성 북쪽에 있는 산으로 후한(後漢) 이후 왕공귀족(王公貴族)의 묘가 많은 곳이다. 이 성주풀이에 나오는 '~높고 낮은 저 무덤은~'은 바로 이 북망산을 말하는 것이다. 그 무덤의 주인공들은 대개가 낙양성 안에서 부귀와 영화를 누리던 사람들이다. 그러나 무덤 속에 묻히고 나면 아무것도 남는 것이 없다. 허무한 일이다.

【註】
1) 洛城(낙성): 낙양성.
2) 玉笛(옥적): 옥으로 만든 저, 피리.
3) 暗飛(암비): 은은히 날리다, 퍼지다, 들리다.
4) 散入(산입): 날리다, 흩어지다.
5) 滿(만): 가득하다, 멀리 퍼지다.
6) 折柳(절류): 이별을 노래하는 樂府인 折楊柳曲을 뜻한다. 그 당시는 멀리 떠나는 사람과 이별할 때, '還(환: 돌아오다)'과 같은 음인, 버들가지를 꺾어 둥글게 만든 '環(환: 가락지)'을 선물하는 풍습이 있었다.
7) 故園情(고원정): 고향을 그리는 마음.

> 秋思
> 張籍
>
> 洛陽城裏見秋風
> 欲作家書意萬重
> 復恐匆匆說不盡
> 行人臨發又開封
>
> **가을, 고향 생각에**
> 장적
>
> 낙양성에 가을 바람 불어오니
> 집에 보낼 편지 쓸 생각에 여념이 없네
> 너무 서둘러 할 말 다 못 했나 다시 걱정돼
> 가는 사람 떠나려는데 다시 뜯어 보네

이 시는 국어 공부를 제대로 한 사람이면 누구나 다 알 것이다. 다는 기억을 못 해도 '행인임발우개봉(行人臨發又開封)'이라는 이 마지막 행쯤은 기억할 것이다. 고등학교 고문 시간에 배웠던 〈춘향가〉에도 나오는 대목이다. 거기서는 이 도령이 춘향의 편지를 들고 바삐 서울로 올라가는 사람한테 편지를 우격다짐으로 빼앗아 보지만, 원래는 본인이 쓴 편지를 뭔가 잘못 쓴 것 같아 미심쩍거나, 더 쓸 말이 있어서 심부름하는 사람이 떠나기 전에 열어 보는 것이 바로 '행인임발우개봉'이다. 그러니 정확히 말하면 이 도령이—지은이도 마찬가지로—잘못 알고 있었거나, 심부름하는 사람을 무시하고 대충 둘러댄 것이거나 둘 중 하나다. 어쨌거나 이 도령은 소기의 목적은 달성했다.

해마다 6월이 되면 호국영령이 떠오르듯이 해마다 여름이 오면 예전에 겪어야 했던 무더위와 전기 공급이 턱없이 부족해서 겪어야 했던 불편함 등이 떠오른다. 가난하고 남루했던 1950~60년대를 거쳐 개발독재 시기인 1970년대를 지나 1980년대에 다다라서야 우리는 가난의 찌든 때를 조금씩 벗겨낼 수가 있었다. 우리가 벗겨낸 것은 생활의 찌든 때만이 아니었다. 아침마다 동네 공중 수돗가에서 줄을 서 가며 물통에 물을 받아 오던 일, 걸핏하면 전기가 나가 호롱불이나 촛불 켜놓고 밥 먹거나 공부하던 일들도 어느새 까마득한 기억의 저편으로 사라져 버렸다.

근래에 들어 해마다 여름이면 날마다 최대 전력 사용량을 갱신하느니 예비 전력률이 어떻고 하면서 절전을 하라고 아우성을 치는데 우리네 머리 나쁜 행정관리들이 하는 짓거리를 보면 쓴웃음이 다 나올 지경이다. 그네들은 서민들보고는 절전, 감전을 떠들어대는데 이른바 부유층들은 콧방귀도 뀌지 않는다. 따지고 보면 아주 간단한 이치를 공무원들이 간과하고 있는 셈이다. 예를 들어 달동네 사는 서민들 100가구가 형광등 한 등씩을 억지로 꺼 봐야 호화 주택에서 에스컬레이터를 가동하거나 대형 에어컨 한두 대 켜면 도로아미타불이다. 아니, 더 정확히 말하자면 서민 주택 천여 가구가 호화 주택 한 가구를 당해내지 못한다. 절전을 하려면 있는 집부터 하면 되는 것을 공연히 떠들썩하게 없는 집들만 들들 볶아대는 격이다.

하기야 없는 집 사정은 없는 사람들이 더 잘 알고, 홀아비 사정은 과부가 알아준다고 다 끼리끼리 자기네 사정들을 알아준다. 우리네 높으신 공무원 나리들께서 어디 감히 서민들 사정을 알 리가 있겠는가 말이다. 책상에 앉아서 수해복구 현황을 주먹구구식으로 뽑은 연휴에 상부에 보고하는 것이 관례고, 가보지도 않고 서민 대책을 세우는 것이 우리네 알량한 공무원들의 한심한 작태가 아닌가.

해마다 늦가을이면 서울 시내의 웬만한 보도는 다 파헤쳐 있다. 보도 블록 예산을 금년 안에 다 써야 내년 예산 책정을 할 수 있다는 것이다. 그러니 멀쩡한 보도 블록을 해마다 새로 바꾸는 셈이다. 그렇게 남는 돈이 있으면 불우이웃을 돕거나 다른 사업에 쓰면 될 일인데 참으로 안타까운 일이다. 예산 전용의 기본도 모르는 한심한 공무원들이다.

【註】
1) 洛陽城(낙양성): 작자가 벼슬하기 위해 와 있던 낙양. 그의 고향은 吳郡이다.
2) 欲作(욕작): ~을 하려 하다, ~을 쓰려 하다.
3) 家書(가서): 편지, 집으로 부치는 사연.
4) 意萬重(의만중): 만 겹이나 되는 생각, 생각이 몹시 많음.
5) 復恐(부공): 다시 걱정이 되다, 다시금 염려가 되다.
6) 匆匆(총총): 몹시 급한 모양.
7) 說不盡(설부진): 말을 다 못 하다, 할 말을 다 못 하다.
8) 行人(행인): 심부름하는 사람, 지방에 내려온 중앙의 관리.
9) 臨發(임발): 떠나기에 앞서, 출발하려 할 즈음.
10) 又開封(우개봉): 다시 편지봉투를 뜯다, 편지를 다시 열어 보다.

> 九月九日憶山東兄弟
> 王維
>
> 獨在異鄉爲異客
> 每逢佳節倍思親
> 遙知兄弟登高處
> 遍挿茱萸少一人
>
> **중양절에 산동에 있는 형제를 생각하며**
> 왕유
>
> 홀로 타향에서 나그네 신세 되니
> 매번 명절만 되면 가족들 생각이 더 나네
> 멀리에서도 형제들 높은 곳에 오르는 것을 알 수 있으니
> 모두들 수유 꽂을 때 한 사람이 모자라리라

산아

산아 사랑하는 내 고향의 산아

종내 너를 두고 나는 가누나

내 마음의 무게이고 내 넋의 크나큰 날개여

두 팔로 내 목을 얼싸안고

안타까이 나를 울리는 사랑아

산아 내 고향의 산아 잘 있거라

오오 내가 죽어서도 돌아올 보금자리여

어디메 묻혔다가 되돌아와 묻힐 내 내 무덤이여

오 눈익은 묏부리여

살뜰한 골짜기 골짜기여

언제 돌아온단 기약도 못 한 채

종내 나는 떠나가누나

잘 있거라 잘 있거라 잘 있거라 산아 산아

아 사랑하는 내 고향의 산아

제1회 MBC 대학가곡제에서 대상을 받은 곡으로, 당시 이 노래를 불렀던 고성현은 이제는 내로라 하는 성악가의 반열에 들어섰다. 예전에는 가요제도 참 많았다. 필자가 근무하는 MBC만 하더라도 신인가요제, 강변가요제, 대학가요제, 대학가곡제 등이 한때는 잘 나갔지만 요즘은 없어진 행사도 있고, 해마다 실시하고 있는 행사도 열기가 그 전만 못해진 것 같다. 우리네 학창시절만 해도 해변가요제, 강변가요제, 대학가요제만 열리면 온 가족이 둘러앉아 서로 점수를 매기며 열심히들 봤는데 이제는 아무래도 시들하다. 하기는 해가 가고 달이 가면 변하는 것이 어디 가요제

뿐인가.

몇 년 후, 몇십 년 후, 과연 우리가 돌아가고 묻힐 산은 있기나 할 것인가. 우리가 돌아가야 할 산과 들과 강은 골프장과 유원지와 난 개발로 해서 다 없어져 버리는 거나 아닌지…….

【註】
1) 九月九日(9월 9일): 重陽節. 이 날 높은 산에 올라 茱萸를 머리에 꽂고 菊花酒를 마시는 풍속이 있다.
2) 山東(산동): 작자의 고향인 陝西省 蒲州.
3) 異鄕(이향): 타향.
4) 異客(이객): 나그네, 낯선 사람.
5) 佳節(가절): 좋은 절기, 명절.
6) 倍思親(배사친): 가족들 생각이 더 나다.
7) 遙知(요지): 멀리서 알다, 객지에서 알다.
8) 遍揷(편삽): 두루 다 꽂다, 모두 다 꽂다. '遍'은 '徧'과 같다.
9) 茱萸(수유): 층층나무과의 낙엽 활엽 교목, 또는 그 열매. 열매는 한약재로 쓴다. 山茱萸.
10) 少一人(소일인): 한 사람이 적다, 모자라다.

> 雜詩
> 王維
>
> 君自故鄉來
> 應知故鄉事
> 來日綺窗前
> 寒梅著花未
>
> **고향집 매화나무는**
> 왕유
>
> 그대 고향에서 오셨으니
> 응당 고향 일을 아시겠구려
> 오시던 날 우리 집 비단창 앞
> 채 피지 않은 매화나무에 혹 꽃망울이 맺히지 않았던가요?

정말이지 세상은 오래 살고 볼 일이다. 불과 얼마 전까지만 해도 보릿고개니 술찌개미니 초근목피니 해서 헐벗고 굶주린 것이 우리네 자화상이었는데 비만이니 다이어트니 하는 요상한 말들이 나도는 것을 보면 사람 팔자 시간 문제라는 말이 맞기는 맞는 모양이다.

요즘은 초등학교 어린이 가운데 거의 절반 가까운 학생들이 비만이고, 20세 넘은 여자들 대다수는 자신들이 다이어트를 해야 한다고 굳게 믿고 있다고 한다. 일제시대 그리고 6·25 사변 뒤에 먹을 것이 없어 주린 배를 움켜쥐고 다니던 세대들은 이런 사태를 두고 무슨 표정을 짓고 무슨 말을 할지 모르겠다.

하지만 풍요 속의 빈곤이라고 도시락을 싸오지 못하는 학생들이 아직 엄연히 존재하는 것도 사실이고, IMF 시대를 맞아 그 수효가 늘어나면 늘어났지 더 줄지 않는 역설 같은 현실 또한 그대로 받아들일 수밖에 없는 것이 겨우 중진국—정치인들은 우리가 선진국 대열에 들어서기라도 한 것처럼 호들갑을 떨고들 있는데 대명천지에 그런 헛소리하는 인간들은 벼락이라도 맞을지 모르니 조심할 일이다—대열에 들어선 우리네 현실이다.

개구리가 올챙이 시절 기억 못한다고 우리가 밥술이나 먹게 된 것이 불과 언제부터라고 벌써부터 비만 타령에 다이어트 타령이니 참으로 딱한 일이다. 아직도 도시 빈민층과 극빈층은 하루 세 끼 때우는 것도 지난한 일인데 먹고 살 만하다고 꾸역꾸역 있는 대로 다 먹어 치워서 비만이나 걸리고 다이어트나 한다고 한가한 소리들을 일삼으니 요즘 귀신들은 다 뭐 하는지 모르겠다.

거기다 더욱 가관인 것은 대부분 젊은 여자들인 다이어트족들의 다이어트를 가장한 그 알량한 식이요법이다. 아침밥 먹으면 무슨 큰일이 나는 것처럼 난리를 쳐대고, 밥을 먹으면 금세 그 밥이 살이 되어 붙는 것처럼 적대시하고, 그 와중에 아침부터 빈 속에 커피는 냉수 마시듯이 마셔대고, 누가 빵이라도 가져오면 벌떼처럼 달려들어서는 먹어 치우느라 난리법석들이다. 아니, 밥을 먹으면 살찌고 밀가루 음식 먹으면 살 안 찐다는 법칙이라도 있는가 말이다. 다이어트에는 적당한 양의 식사와 적당한 운동이 최선이다. 그런 평범한 사실도 모르고 말로만 다이어트니 뭐니 하면서 커피와 밀가루 음식만 먹어대니 다이어트도 제대로 안 되고 속은 속대로 버리니 이 무슨 조화인가.

【註】
1) 雜詩(잡시): 별다른 주제나 특이한 소재 없이 문득 떠오른 생각들을 적은 詩. 雜文.
2) 君自(군자): 그대, 당신. 이 詩에서는 고향에서 온 사람. 군대에서, 객지에서 고향 사람을 만나면 그 아니 반가운가.
3) 應知(응지): 마땅히 알리라, 당연히 알리라.
4) 來日(내일): 그대가 떠나오시던 날.
5) 綺窓(기창): 비단으로 꾸민 아름다운 창. '窻'은 '窓'의 本字.
6) 寒梅(한매): 아직 채 피지 않은 매화.
7) 著花(착화): 꽃망울이 맺히다. 著工(착공=着工).

> 逢入京使
> 岑參
>
> 故園東望路漫漫
> 雙袖龍鍾淚不乾
> 馬上相逢無紙筆
> 憑君傳語報平安
>
> 장안으로 돌아가는 사신을 만나서
> 잠삼
>
> 동쪽으로 고향 바라보니 길이 멀고도 아득해
> 양 소매 다 젖도록 눈물이 마르지 않네
> 말 타고 가다 만나다 보니 종이와 붓이 없어
> 그대에게 부탁하노니 잘 있다고 전해 주오

더치 페이(Dutch Pay)가 이 땅에 자리잡은 지도 이제는 꽤 세월이 흘렀다. 그런데도 아직은 많이 낯선 것 또한 사실이다. 그런데 가만히 살펴보면 젊은 층이 더 애용을 하고, 박봉의 월급쟁이들이 더 자주 하고, 회식 장소보다는 몇몇이서 먹고 가는 자리에서 더 많이 눈에 띈다. 심지어는 단둘이 점심을 먹으러 와서 김치찌개, 된장찌개를 시켜 먹고는 칼같이 반씩 내고 가는 친구들도 있다.

사람이 살다 보면 다 나름대로 이유가 있고, 핑계가 있듯이 내고 가는 사람들이야 남의 일에 웬 참견이냐고 하면 할 말이 없지만 그런 차가운(?) 장면을 보면 기분이 그다지 좋지 않은 것 또한 인지상정이다. 내 생각 같아서는 정 그렇게 자기들 몫만 내려거든 음식점에 오기 전 회사에서 미리 걷어서 오면, 내는 사람도 그렇고 보는 사람도 괜찮을 듯싶다.

하기는 사무실에도 남들이 내는 자리면 비싼 것만 골라 먹다가도 막상 자기가 내는 자리에서는 그 중 싼 것만 시키는 얌체족들이 있어서 가끔씩은 더치 페이가 필요할 때도 있다.

문제는 같이 식사를 하거나 술을 먹는 구성원들이 서로 최소한의 룰과 예의를 지켜 주는 것이 중요하다. 쉬운 예를 들자면 고객이나 친척을 대접할 때 더치 페이하는 사람들이 없는 것처럼 늘 자주 먹는 사람들끼리 식당 계산대 앞에서 따로따로 식대를 치르는 것이 볼썽 사납다는 것이다.

앞에서도 언급했지만 미리 한 달 동안 식대를 거둬서 서무가 내면 되고 사정상 그 자리에 몇 번 빠진 사람들은 그 횟수만큼 계산해서 돌려 주면 된다. 러시아워 때 가뜩이나 사람들이 잔뜩 밀려 있는데 버스 타고 나서 지갑을 꺼내는 통에 출발 시간을 지연시키는 사람들처럼 바쁜 점심 시간 때 우루루 계산대에 몰려 나가서 돈 걷는 것도 남들한테는 대단한 실례가 되거나 불편을 줄 수도 있다.

공식적인 회식 장소에서는 더치 페이를 잘 하지 않는 것도 다 이유가 있을 것이다. 회사에서 회식비가 나왔거나, 누군가 한 사람이 진급이나 수상 등의 이유로 축하턱을 낼 경우거나, 거래처에서 그간의 후의에 감사드린다고 접대하는 경우 정도일 것이다.

혹자들은 그럴지도 모르겠다. 선진 외국에서도 합리적이고 현명한 방법으로 잘 운용되고 있는 더치 페이 제도가 왜 불만이냐고, 괜히 술자리에서 호기 한번 부렸다가 한동안 쩔쩔 매는 것보다야 각자 계산하는 것이 훨씬 좋은 방법이 아니냐고. 이성적으로 합리적으로만 따진다면 백 번이고 천 번이고 지당하고 옳으신 말씀이다.

하지만 우리한테는 신명이라는 것이 있다. 이 신명은 합리적이고 이성적인 사고와 행동에서는 결코 나올 수가 없다. 적당히 손해도 보고 또 적당히 이익도 보면서 사는 것이 우리네 인생이요, 이 땅에서 사는 사람들의 삶이다. 그 속에서 여유와 푸근함과 지혜가 우러나온다. 우리네 선배 세대들이 혼자 폼 내다가, 호기 부리다가 망했다는 소리 들어 본 적이 있는가. 사람 사는 것이 낼 때가 있으면 얻어먹을 때도 있고, 울 때가 있으면 웃을 때가 있는 법이다.

따지고 보면 우리네 경조사에 부조라는 것이 있는 것도 바로 더치 페이의 원조가 아닐까도 싶다. 요즘 들어 부조 문화가 퇴색된 감도 없지 않지만 잘만 운용하면 우리네 부조 제도보다 현명한 것도 별로 없을 듯싶다.

철저하고 지독한 더치 페이보다 적당한 선에서 서로간에 정을 주고받는 것이 각박한 세상살이 속에서 그나마 푸근한 위안거리가 아닐까 싶어지는 것은 나 혼자만의 어설픈 생각일까. 그래도 많은 사람들은 밥을 먹을 때나 술을 마실 때 각자 계산하라고 하는 것보다 누군가 물주가 되어서, 구세주가 되어서 인심을 쓰면 더 맛있어 하고 더 기분들이 좋다는 얼굴들이다.

역시 '각자' 보다는 '우리' 가 더 좋은 게 아직은 이 땅에 사는 사람들의 솔직한 심정일 게다.

【註】
1) 入京使(입경사): 장안으로 가는 사신.
2) 故園(고원): 고향.
3) 東望(동망): 동쪽으로 고향을 바라보다. 岑參의 고향은 河南 南陽인데 당시 그는 서쪽 변경 지방에 있었으므로 '東望'이라 한 것이다.
4) 漫漫(만만): 길이 멀고 아득한 모양.
5) 雙袖(쌍수): 양 소매. 袖手.
6) 龍鍾(용종): 눈물이 흘러서 젖은 모양. 瀧凍(농동)'과 같다. 용종은 늙고 병든 모양. 失意한 모양의 뜻도 있다.
7) 無紙筆(무지필): 종이와 붓이 없다. 말을 타고 가다가 만났으니 필기구가 없을 수밖에.
8) 憑(빙): 부탁하다, 의지하다.
9) 傳語(전어): ~하더란 말을 전하다.

> 西亭春望
> 賈至
>
> 日長風暖柳青青
> 北雁歸飛入窅冥
> 岳陽城上聞吹笛
> 能使春心滿洞庭
>
> 서정에서 봄경치를 완상하며
> 가지
>
> 해 길고 바람 따뜻하고 버들은 더욱 푸른데
> 북쪽에서 온 기러기 다시 돌아가며 먼 하늘 속으로 사라진다
> 악양성 위에서 피리 소리 들으니
> 봄 시름이 동정호에 가득하게 하누나

바다 풍속 (1)

바다에는 늘 바람이 분다. 바다가 바람을 부르는 모양이다.

출렁이는 파도의 물결이 소리되어 선율이 되어 바람을 부르는 모양이다.

바람이 부는 날이면 파도는 점점 투명해져서 밑바닥까지 훤히 보인다.

바닥의 잔모래알까지 셀 수 있을 정도이다.

부딪히는 파도의 모습으로도 바람의 정도를 가늠할 수 있다.

바람은 같은 모습으로 바다로 달려오지 않는다.

여러 형상으로 헐떡이며 달려와서는 파도의 모습을 그렇게 바꿔 놓는다.

바다에는 늘 익사하는 것들이 있다. 바다가 그것들을 유혹하는 모양이다.

밤이면 익사하기 위해 떠난 자들의 회색빛 신음이 바다 위를 낮게 서성이고 있다. 때로는 구름으로 변신하여 떠돌기도 한다.

비바람이 몹시 부는 날이면 익사한 개들의 컹컹거리는 소리가 거센 파도에 휩싸여 날아들곤 한다. 때로는 그물코를 빠져 나간 물고기들이 바다에 익사하기도 한다.

그런 날이면 유난히 갈매기들의 울음소리가 자지러진다.

갈매기들은 그렇게 울다가 바다에 배를 대고 낮게 비행을 해댄다.

바다는 주저하는 법이 없다. 뭣이든 마음먹은 대로 한다.

지나는 배를 머리를 풀어 헤친 난파선으로 만들어 놓기도 하고, 분노의 파도를 통채 집어삼키기도 한다.

언어 없는 바다는 파도의 몸짓으로 우리에게 이야기한다.

때로는 잔잔하게, 때로는 성난 음성으로 또 때로는 어두운 표정을 지니고.

바다는 홀로이고 싶을 때 안개로 자신의 몸을 감싼다.

안개 낀 바닷가를 거니는 사람은 푸근한 마음으로 바다와 대화할 수 있다.

바다는 우리에게 침묵하는 법을 가르쳐 준다.

거센 비바람이 거대한 흐느낌으로 시종할 뿐이다.

바다는 아무것도 원치 않는다.

또 두려워하는 것도 꺼려 하는 것도 없다.

바다는 다만 거기 그렇게 자유롭게 존재할 뿐이다.

바다는 곧 자유이다.

나는 울진에서 군대 생활을 했다. 남들은 울진에서 보냈다고 하니까 늘 바다와 함께 한 줄로 아는데 실상은 그렇지를 못하다. 2년이 넘도록 내륙 쪽 산골짜기에서 근무했고, 말년에 해안부대로 나가 비로소 바다 구경을 할 수 있었다. 바다를 가까이 두고 험한 산골에서 근무하려니까 더욱 견디기 힘들 때도 많았다. 남들보다 늦게 군대 가서 육체적인 고생, 정신적인 고생, 나이 차에서 오는 갈등…… 등으로 해서 한동안은 많이도 힘들고 막

막했다. 하기야 군생활이란 것이 바다고 육지고 간에 사회에 있는 것보다야 훨씬 고생스러운 것임을 새삼 말해서 무엇하겠는가.

  이 시는 그때 보초를 서면서 끄적거린 것이다. 그러고 보니 20년이 지났다. 망망한 동해를 바라보며 인생과 문학과 부모·형제·친구·그리운 사람들을 많이도 생각했다. 거대한 바다, 자유로운 바다, 마음먹은 대로 할 수 있는 바다가 무척이나 부러웠다. 당시에는 연작시를 써보려 했는데 당연하게도 한 편으로 끝났다. 그래도 그냥「바다 풍속」하는 것보다는「바다 풍속 (1)」이 더 마음이 간다. 또 아는가, 나중에라도 (2), (3) 등이 계속해서 나올지…….

【註】
1) 西亭(서정): 호남성 악양루 부근의 동정호에 있는 亭子.
2) 窅冥(요명): 아득히 멀어서 그윽하고 어둡게 보이는 것. 여기서는 먼 하늘을 말함.
3) 岳陽城(악양성): 岳陽樓를 에워싼 岳州의 성곽. 지금의 호남성 악양현에 있다. 악양루는 악양성의 서문에 있는 누대. 여기서 바라보는 동정호 풍경은 절경으로 꼽힌다. 악양은 사통팔달의 교통 요충지로서 예로부터 '유배된 사람들과 시름에 잠긴 사람(遷客騷人: 천객소인)'들이 빠지지 않고 들렀던 곳이다. 소인은 詩人과 文士를 이르기도 하는데, 그들이 악양에 온 것은 악양루에 오르기 위해서였다고 해도 과언이 아니다.
4) 春心(춘심): 봄에 느끼는 생각. 이 詩에서는 春愁(봄에 느끼는 시름)을 말한다.
5) 滿洞庭(만동정): 동정호(호남성에 있는 중국에서 두 번째로 큰 호수)에 가득 차다.

胡渭州
張祜

亭亭孤月照行舟
寂寂長江萬里流
鄕國不知何處是
雲山漫漫使人愁

오랑캐땅 위주에서
장호

휘영청 외로운 달 저만치 가는 배를 비추는데
외롭고 쓸쓸한 양자강은 만 리를 흐른다
고향은 그 어디쯤인지 알 수가 없고
구름 덮인 산은 끝없이 이어져 시름을 더하네

밤배

검은 빛 바다 위를 밤배 저 밤배

무섭지도 않은가 봐 한없이 흘러가네

밤하늘 잔별들이 아롱져 비칠 때면

작은 노를 저어 저어 은하수 건너가네

끝없이 끝없이 자꾸만 가면

어디서 어디서 잠들 텐가

아— 볼 사람 찾는 이 없는 조그만 밤배야

　　〈얼룩 고무신〉, 〈일기〉, 〈긴머리 소녀〉 등 토속적이고 시적이고 감수성이 예민한 노랫말로 여학생들에게 인기를 끌었던 남성 듀엣 '둘 다섯'의 노래다. 듀엣 이름도 순 우리말이다. 비슷한 시기에 '어니언스'도 있었다.

　타본 경험이 있는 사람들은 알겠지만 밤배는 고즈넉하면서도 무척 지루하다. 처음에는 사위가 조용해서 이런저런 상념에 잠기기 좋은데 30분이 지나고 1시간이 지나면 차츰 심심해지고 좀이 쑤신다. 자주 타는 사람들이야 비행기건 기차건 배건 앉거나 쭈그리거나 누워서 잠을 잘도 자는데 초행이거나 익숙지 않은 사람들은 시간이 갈수록 좌불안석이다. 그렇다고 긴 항해 시간 동안 줄창 술만 먹고 있거나, 얘기만 나눌 수는 없는 노릇이어서 쉽사리 잠이 오지 않으면 모처럼의 여정이 고역이 될 수도 있다.

　파도가 잔잔한 바다를 항해하는 것은 그나마 낫다. 파도가 심하게 치고 비바람이라도 세차게 퍼부으면 앞뒤 좌우로 요동치는 배 안에서 그야말로 사색(死色)이 다 될 지경이다. 여기저기서 멀미들을 하고, 선실 안에 가지런히 놓아 두었던 짐들이 이리저리 굴러다니고, 파도가 사정없이 배를 때리면 잠은커녕 앉아 있거나 서 있는 것도 고역이다. 난간이고 뭐고 붙잡을 것만 있으면 손에 땀이 나도록 꽉 붙잡아 나중에는 쥐가 다 날 지경이다. 그러다가 새벽녘이 되면 다들 잠에 곯아떨어지기 마련이어서 배 타고 구경할 수 있는 해돋이를 놓치기 일쑤다. 뒤늦게 갑판으로 달려 나가 봐야 해는 이미 중천에 뜬 뒤라 머쓱할 수밖에 없다.

그렇게 밤배가 지루하고 고생스러워도 낮에 타는 배보다 좋을 때도 많다. 파도만 심하게 치지 않으면 밤배는 사람들을 차분하게 만들고, 생각하게 만들고, 점잖게 만들어 준다. 그래서 또 좋다.

【註】
1) 胡渭州(호위주): 樂府 제목. 위주는 지금의 甘肅省 隴西縣. 당시에는 胡族들이 점령하고 있었기 때문에 '胡渭州'로 불렸다. 본래는 변방에서 수자리 서는 병사의 감회를 노래하는 내용인데, 나중에는 그 곡조만을 따서 제목으로 붙인 것이 많다. 이 詩 역시 그 곡조에 맞춰 양자강을 여행하는 나그네의 애수를 읊은 것이다.
2) 亭亭(정정): 산이 우뚝 솟아 있는 모양, 높이 떠올라 있는 모양, 늙은 몸이 꾸정꾸정한 모양.
3) 漫漫(만만): 멀고 아득한 모양, 끝없이 이어진 모양.
4) 使(사): ~시키다, ~하게 하다. '教'와 같다.
5) 人愁(인수): 사람의 시름, 곧 나의 시름.

渡桑乾
賈島

客舍幷州已十霜
歸心日夜憶咸陽
無端更渡桑乾水
却望幷州是故鄉

상건하를 건너며
가도

병주에서의 나그네 생활 이미 십 년
돌아갈 생각에 낮밤으로 함양만 생각하네
뜻하지 않게 상건수를 건너게 되어
병주를 돌아보니 그곳이 바로 고향이었네

　　　　서구적인 마스크와 돋보이는 무대 매너로 늘 팬들을 사로잡았던 윤수일의 노래 중에 〈제2의 고향〉이라는 노래가 있다. 갈 수 없는 고향을 무조건 그리워하기보다는 현재 살고 있는 곳을 제2의 고향으로 알고 자족하는 노래다. 이가 없으면 잇몸으로 때워야 하는 것이 인생이고, 꿩이 없으면 닭으로라도 해결을 봐야 하는 게 우리네 삶이다.

　야구에 '대타(代打)'라는 것이 있다. 역전시킬 찬스거나 꼭 득점을 해야 하는 중요한 순간에 지금까지 나왔던 선수를 대신하여 치는 것 또는 그 타자를 말한다. 축구나 농구 경기에도 교체 선수가 있기는 하지만 야구처럼 긴박하지는 않다.

살다 보면 인생에도 대타를 하게 되는 경우가 많다. 학창 시절 미팅에 대신 나가는 경우도 있고, 직장 생활을 할 때도 회합이나 중요한 모임에 부득이해서 실무자 대신 나가게 되는 경우가 있다. 그런데 주위의 우려와는 달리 다른 사람 대신 나가서 성공하는 경우가 종종 있다. 그래서 또 인생은 살아 볼 만한 것이 아닌가 싶다.

방송에서도 대타는 무수히 많다. 그리고 방송에서처럼 대타들이 성공하는 경우도 드물다. 방송 하루 전까지 출연하기로 했던 사람이 갑자기 사고가 나서 대타를 썼는데 성공한 드라마, 토크쇼, 오락물, 시사 프로그램들이 얼마나 많은가. 특히 매일매일 생방송을 해야 하는 라디오 프로그램은 전문 대타 요원들이 많다. 갑자기 아파서, 길이 막혀서, 상(喪)을 당해서, 출산(出産) 때문에, 휴가 때문에 대타들이 자주 등장하게 된다. 예전에는 휴가를 가려고 해도 일주일치 또는 열흘치를 다 녹음하고 갔는데 요즘은 1년에 한 번 정도는 DJ나 MC들이 자유롭게 스케줄을 짜도록 하고 있다.

그런데 재미있는 것은 짧게는 하루 길게는 2, 3주를 대신하는 대타가 원래 진행자보다 더 잘 해서 프로그램 개편—대한민국 방송은 어디고 간에 1년에 두 번, 봄과 가을에 두 번 개편을 한다―때 전임자를 밀어내고 프로그램을 맡게 되는 경우도 종종 있다. 해서 어느 여성 진행자는 출산 휴가를 갔다가 대타가 하도 잘 하는 바람에 3일 만에 본인이 자원을 해서 방송하러 나온 적도 있다.

하지만 언제나 대타에만 머무르는 사람들도 있다. 본인이 원하지 않아서 그런 경우도 있지만 대개의 경우 며칠 대타는 맡기지만 고정을 맡기기에는 뭔가 부족하고 못미더워서 그럴 때가 많다.

찬스는 스포츠건 인생이건 언제나 몇 번은 오기 마련이다. 그때를 위해서라도 늘 준비하며 살아야 한다. 준비된 대통령은 아니더라도 늘 준비하고 있는 대타는 아름다운 법이다. 어차피 인생은 돌고 돈다. 그렇다고 가만히 있어도 차례가 오고 기회가 오지는 않는다. 방송가에서는 늘 대타를 물색하고 있다. 방송에서는 재·보궐 선거는 없지만 준비된 대타는 언제고 환영이다.

【註】
1) 桑乾(상건): 桑乾河. 지금의 산서성 북부에서 하북성 북경을 지나 발해만으로 흘러들어가는 강.
2) 客舍(객사): 나그네로 지내다. '舍'는 '지내다, 쉬다'의 뜻을 가진 동사. 객사를 그냥 '여관'의 뜻으로 풀어도 된다.
3) 幷州(병주): 지금의 산서성 태원시.
4) 十霜(십상): 십 년. 星霜.
5) 咸陽(함양): 지금의 산서성 함양시. 秦代의 수도로서 長安의 서쪽에 있는데, 後代의 詩文에서는 그냥 장안의 의미로도 자주 쓰인다.
6) 無端(무단): 이유도 없이, 생각지도 않게, 뜻하지 않게.
7) 却望(각망): 반대로 보다, 거꾸로 보다, 고개를 돌려보다.

> 夜上受降城聞笛
> 李益
>
> 回樂峰前沙似雪
> 受降城外月如霜
> 不知何處吹蘆管
> 一夜征人盡望鄉
>
> 밤에 수항성에 올라 피리 소리를 들으며
> 이익
>
> 회락봉 앞 모래는 눈처럼 희고
> 수항성 밖 달은 서릿발처럼 차다
> 어디선가 갈대피리 소리 들려오는데
> 밤이 새도록 출정한 군인들 고향을 바라본다

향기 품은 군사우편

행주치마 씻은 손에 받은 임 소식은

능선에 향기 품고 그대의 향기 품어

군사우편 적혀 있는 전선편지는

전해 주는 배달부가 싸리문도 못 가서

복받치는 기쁨에 나는 울었소

돌아가는 방앗간에 받은 임 소식은

충성의 향기 품고 그대의 향기 품어

군사우편 적혀 있는 전선편지는

옛 추억도 돌아갔소 얼룩진 한 자 두 자

방앗간의 수레도 같이 울었소

밤이 늦은 공장에서 받은 임 소식은

고지에 향기 품고 그대의 향기 품어

군산우편 적혀 있는 전선편지는

늦은 가을 창너머로 보이는 저 달 속에

그대 얼굴 비치며 방긋 웃었소

미성의 고음 가수 고대원이 부른 노래다. 필자는 전후 세대라 이 노래가 정확히 언제 나왔는지는 잘 모른다. 하지만 노래말로 봐서 1950년대 초에 나온 것만은 분명하다. 한편으로는 신기하기도 하다. 그 힘든 전쟁의 와중에서도 이렇게 편지가 오고 간 것을 보면 인간관계에 있어 근황이나 소식을 주고받는 것이 얼마나 중요한 것인지를 새삼 깨닫게 된다. 더구나 사랑하는 남편이, 애인이 전쟁터에 나가 있는 데야 남은 식구들은 일각이 여삼추 같고, 밥을 먹을 때나 누워서 잠을 잘 때도 늘 바늘방석에 앉아 있는 심정일 것이다.

우리 나라에서는 『애수』로 널리 알려진 영화 『Waterloo Bridge』가 생각난다. Robert Taylor와 Vivien Leigh의 그 비극적인 사랑도 다 전쟁이 원인이 아니었던가. 대동아전쟁, 6·25 사변, 월남전을 겪으면서 앞세대들은 또 얼마나 절절한 사연들을 기다리고, 주고받으면서 애끓는 심사를 달랬을까. 하지만 전쟁은 끊이질 않는다.

【註】
1) 受降城(수항성): 漢 武帝 때 匈奴의 항복을 받기 위해 변방에 세운 것이 있었고, 唐代에 들어와서도 다시 東·中·西의 세 수항성을 세웠는데, 이 詩의 배경은 甘肅省에 있는 西受降城으로 여겨진다.
2) 回樂峰(회락봉): 감숙성 靈武郡에 있는 산. 서수항성과 가까이 있다.
3) 吹蘆管(취노관): 蘆笛(노적: 갈대잎을 말아서 만든 피리)을 불다.
4) 征人(정인): 나그네, 전쟁터에 나가는 남자, 군사. 征夫.
5) 盡望鄕(진망향): 한없이 고향을 보다, 밤이 새도록 고향을 바라보다.

懷故國
修睦

故國歸未得
此日意何傷
獨坐水邊草
水流春日長

고향을 그리며
수목

고향에 돌아가지 못하고
오늘 마음이 얼마나 상하는지 모르네
홀로 개울가 풀밭에 앉았더니
물은 흘러가고 봄날은 길다

봄날은 간다

연분홍 치마가 봄바람에 휘날리더라

오늘도 옷고름 씹어 가며

산제비 넘나드는 성황당 길에

꽃이 피면 같이 웃고 꽃이 지면 같이 울던

알뜰한 그 맹세에 봄날은 간다

새파란 풀잎이 물에 떠서 흘러가더라

오늘도 꽃편지 내던지며

청노새 짤랑대는 역마차 길에

별이 뜨면 서로 웃고 별이 지면 서로 울던

실없는 그 기약에 봄날은 간다

열아홉 시절은 황혼 속에 슬퍼지더라

오늘도 앙가슴 두드리며

뜬구름 흘러가는 신작로 길에

새가 날면 따라 웃고 새가 울면 따라 울던

얄궂은 그 노래에 봄날은 간다

이 노래는 1950년대 백설희가 불러서 널리 알려진 곡인데 그 노래도 좋지만 개인적으로는 한참 뒤에 한영애가 리메이크한 노래가 더 좋다. 선배 가수들보다 애절하게 부르는 것 같지는 않은데 가슴에는 더 와닿는다. 모르겠다, 창법이 틀려서 그런가, 아니면 세대 차이가 나서 그런가……. 하기야 이런 비교 자체가 우스운 일인지 모른다. 김영임이 부른 〈한오백년〉과 조용필의 〈한오백년〉, 최희준이 부른 〈하숙생〉과 이승환의 〈하숙생〉, 백난아가 부른 〈낭랑 18세〉와 한서경의 〈낭랑 18세〉를 비교하는 것 자체가 무리다. 노래는 어차피 시대 정신을 반영하는 것이고, 같은 노래라도 편곡에 따라, 부른 가수에 따라 분위기가 영 달라질 수 있다. 그것이 또 노래의 묘미다. 예전에 슬픈 분위기를 자아냈던 노래를 빠른 템포로 바꿔 부르면 어깨춤이 절로 날 수도 있다. 좋은 노래는 리메이크해서 잘 부르면 세대와 시대를 초월해서 누구나 즐길 수 있다. 물론 쉽지는 않다. 워낙에 히트한 노래는 부른 가수나 곡조, 분위기에 대한 선입견이 강하게 작용해서 여간해서는 호평을 받기가 쉽지 않다.

　우리의 경우보다 외국의 경우는 많은 가수들이 선후배들의 노래를 새롭게 불러 폭발적인 호응을 얻곤 했다. 늘 새롭고 다양한 음악에 목말라 하는 애호가들에게는 반갑고 고마운 일이다. 음악뿐만이 아니다. 영화도 그렇고 뮤지컬도 그렇고 오페라도 그렇고, 시대에 맞게 수요층의 기호에 걸맞게, 새롭게 각색·편곡·재해석해서 선보이는 것은 예술 작업을 하는 사람들이나 즐기는 사람들 모두에게 바람직한 일이다. 예전 노래들을 새롭게 듣고 싶다.

【註】
1) 意何傷(의하상): 마음이 얼마나 상하는가.
2) 水邊草(수변초): 물가 풀밭, 개울가 풀밭.
3) 春日長(춘일장): 봄날은 길다.

渡漢江
宋之問

嶺外音書斷
經冬復歷春
近鄕情更怯
不敢問來人

한강을 건너며
송지문

산 넘어 왔더니 소식도 끊기고
겨울 지나고 다시 봄도 지났네
고향이 가까워지니 그리는 정이 다시 겁이 나
고향에서 오는 사람인가 감히 묻지 못하네

고향에 찾아와도

고향에 찾아와도

그리던 고향은 아니러뇨

두견화 피는 언덕에 누워

풀피리 마주 불던 옛 동무여

흰종달새에 그려 보던 청운의 꿈을

어이 지녀 가느냐 어이 새워 가느냐

산은 옛 산이로되
물은 옛 물이 아니로다
실버들 향기 가슴에 안고
배 띄워 노래하던 옛 동무여
흘러간 굽이굽이 적셔 보던 야릇한 꿈을
어이 지녀 가느냐 어이 새워 가느냐

최갑석이 1950년대에 불러 유명한 곡이다. 팝송 중에도 이와 비슷한 분위기의 곡이 있다. 1970년대 중반인가 Tony Orlando & Dawn이 불러서 대히트를 쳤던 〈Tie a Yellow Ribbon Round the Old Oak Tree〉가 바로 그 노래다. 물론 상황이야 〈고향에 찾아와도〉와 많이 다르다. 끝 부분까지는 비슷하게 가다가 맨 나중에 대반전이 일어난다.

한 남자가 사고를 쳐서 교도소에 들어가게 되었다. 그 몇 년 동안 고향에 있는 부인과 가끔씩 편지 왕래를 했다. 그런데 그렇게 기다리고 기다리던 출소 날짜가 다가올수록 왠지 모르게 불안감이 엄습

했다. 생각해 보니 그 즈음 집에서 오는 편지도 뜸했다. 혹시 집을 나간 것이 아닌가, 다른 남자가 생긴 것이 아닌가…… 별의별 생각들이 다 들었다. 하긴 그 몇 년 동안 여자 혼자 생계를 꾸려 나가기가 몹시 힘들었을 것이다. 입장을 바꾸어 놓고 생각을 해도 자신이 너무했다 싶었다. 누구 탓을 하랴. 자업자득이었고 스스로 화를 자초한 것이었다. 그는 마침내 용기를 내어 편지를 썼다.

'그 동안 고마웠다. 미안하다, 아직도 나는 당신을 사랑한다. 하지만 당신을 더 이상 고생시킬 수는 없다. 그래서 얘긴데 나를 받아들인다면 집 앞에 있는 참나무에 노란 리본을 걸어 놔라. 노란 리본이 걸려 있으면 집 앞에서 내릴 것이고, 그렇지 않다면 버스를 타고 그대로 지나치겠다. 다시 얘기하지만 당신을 얽매어 두고 싶지는 않다.'

드디어 출소일이 되었다. 버스를 탔다. 점점 집이 가까워질수록 불안했다. 만약 노란 리본이 걸려 있지 않다면 어떻게 할까. 그래, 내가 약속한대로 그냥 지나치자. 그리고 그녀의 행복을 빌어 주자. 나를 만나서 고생만 한 그녀가 정말 고맙다, 그리고 사랑한다.

이제 저 모퉁이만 돌면 집이다. 그는 차마 고개를 들 수가 없었다. 집을 똑바로 볼 수가 없었다. 그래도 쳐다봐야 했다. 내리든 그냥 지나치든 참나무를 봐야 했다.

그때 버스에 탄 사람들이 웅성대는 소리가 들렸다. 천천히 고개를 들어 보니 저만치 참나무 밑둥이 보였다. 아! 하는 탄식이 새어 나왔다. 참나무는 온통 노란색 물결이었다. 노란 리본은 하나가 아니었다. 참나무 가지가지마다 노란 리본이 수없이 걸려 있었다. 노란 리본이 환하게 웃고 있었다.

'사랑하는 당신, 어서 오세요. 그 동안 고생 많이 하셨어요. 이제부터 제가 잘해 드릴게요. 여보, 사랑해요.'

노란 리본에는 그렇게 쓰여 있는 듯했다. 그는 큰 소리로 차를 세웠다. 버스에 탄 사람들도 대강의 사연을 전해 듣고 모두 자신들의 일인 양 축하해 주며 힘차게 박수까지 쳐주었다.

이 노래를 들으면 신이 난다. 마치 내 일같이 기쁘다. 고향은 이래서 좋다. 사랑하는 사람이 있는 고향은 이래서 푸근하다. 삶이 힘들수록 아주 가끔씩은 고향을 생각해 보자. 그리운 사람을 떠올려 보자.

【註】
1) 漢江(한강): 陝西省에서 發源하여 漢陽에 이르러 양자강으로 들어가는 강.
2) 嶺外(영외): 재 밖, 산봉우리 밖. 아마도 작자가 떠나 있던 객지와 고향 사이에 있던 높다란 봉우리가 아닌가 싶다.
3) 音書斷(음서단): 소식을 끊다. 音信.
4) 經冬(경동): 겨울이 지나다.
5) 復曆春(부역춘): 다시 봄을 겪다. 봄이 지나다.
6) 怯(겁): 겁내다, 두려워하다.
7) 不敢(불감): 감히 ~하지 못하다.

> 南樓望
> 盧僎
>
> 去國三巴遠
> 登樓萬里春
> 傷心江上客
> 不是故鄉人
>
> 남쪽 누대에 올라
> 노선
>
> 고향을 떠나 멀리 삼파에 와서
> 누각에 오르니 온 천지에 봄빛이 지천이네
> 저기 상심하는 강상의 나그네는
> 필경 고향 사람은 아니네

누구나 높은 곳에 오르면 고향이 떠오른다. 어디 떠오르는 것이 고향뿐이랴. 친구도 떠오르고, 누추했던 집도 떠오르고, 남루했던 생활도 떠오르고, 보잘것 없던 음식도 떠오른다. 과거는 늘 힘들었지만 추억은 가슴에 남고 아름다운 법이다.

오늘도 이른 아침, 회사 빌딩에서 여의도를 내려다본다. 방송국에 들어온 지 어느새 20년이 가까워 온다. 생각하면 참 많은 프로그램을 해왔고, 덕분에 많은 사람들도 만나 봤다. 오늘따라 그 사람들이, 얼굴이, 말씨가, 웃음이, 체취가 떠오른다…….

　서세원, 탁미선, 김선영, 김경미, 차범석, 심영식, 박수복, 박석준, 김준일, 김영곤, 최호영, 고은정, 정하연, 이금림, 김자옥, 박정란, 한대희, 박신호, 고영훈, 한수산, 방희덕, 이선영, 유열, 이규미, 최환상, 김창완, 최종민, 윤석화, 김초혜, 임예진, 김미라, 김보화, 이문근, 박영숙, 장청수, 신재용, 김수정, 정경수, 김주영, 이규석, 주희, 박순환, 이은집, 김광수, 오재호, 김옥균, 김종달, 이문세, 고은경, 김숙이, 이상은, 김문영, 서남준, 민용태, 남궁옥분, 박규채, 신해철, 이병률, 윤진희, 유희열, 정동인, 지명옥, 성우진, 송세인, 이지희, 신귀복, 정풍송, 신애라, 주영훈, 김혜림, 서정옥, 오진이, 이선희, 김혜란, 여주희, 김흥국, 박미선, 김은영, 이명숙, 오미희, 최백호, 구자형, 윤석미, 김량희, 이종환, 최유라, 오경아, 신진원, 성우 정승현을 비롯한 MBC 성우실 여러분(라디오 드라마를 할 때 같이 일한 성우들이 100여 분이 훨씬 넘는다. 해서 일일이 다 소개 못 하는 것을 이해 바란다), 윤덕영, 차부안, 이춘화, 조병식, 엄기혁, 김태완, 최남길을 비롯한 많은 제작자 여러분(속칭 매니저로 불리는 분들도 수백여 분이 된다. 양해 바란다), 태진아를 비롯한 많은 가수분들 (그 동안 숱한 공개방송에 수많은 가수분들이 출연했다. 역시 혜량 바란다), 이혜민, 송일봉, 김창남, 오숙희, 박상민, 김장훈, 이소라, 김상호, 이영미, 김영수, 권인하, 박병규, 강혜란, 이진관 등등 이루 다 기억하지 못할 분들이 많다(이 순서는 정확한 것은 아니지만 그 동안 방송을 제작하면서 만난 순서로, 같이 일한 순서로 적은 것임을 밝혀 둔다). 그분들 덕분에 지금껏 별 무리 없이 방송 생활을 해왔다고 자부한다. 이 자리를 빌어 감사드린다. 돌아가신 분들도 많다. 삼가 그분들 영전에 감사드린다.

노파심에서 한 말씀만 더— 혹 이 명단에 빠졌다고 섭섭하게 생각하시는 분들이 안 계시길 바란다. 우스갯소리로 점심에 뭐 먹었는지 기억도 잘 못 하는데 그 많은 출연자·관계자분들을 다 기억할 수는 없지 않은가. 그저 죄송할 뿐이다.

【註】
1) 三巴(삼파): 삼파란 巴郡·巴東·巴西를 말한다. 巴는 지금의 四川省 重慶 地方.
2) 江上客(강상객): 강상의 나그네, 각처를 돌아다니는 사람.

> 登樓
> 羊士諤
>
> 槐柳蕭疏繞郡城
> 夜添山雨作江聲
> 秋風南陌無車馬
> 獨上高樓故國情
>
> 누에 올라
> 양사악
>
> 홰나무와 버드나무가 쓸쓸히 성곽을 감싸고
> 밤 되니 산에 비 내려 강물 소리 커지네
> 남쪽으로 난 길에 가을 바람 부니 지나는 수레와 말도 없고
> 홀로 높은 누각에 올라 고향 생각에 젖는다

고향이 좋아

타향도 정이 들면 정이 들면 고향이라고

그 누가 말했던가 말을 했던가

바보처럼 바보처럼

아니야 아니야 그것은 거짓말

향수를 달래려고 달래려고 하는 말이야

아~ 타향은 싫어 고향이 좋아

타향도 정을 두면 정을 두면 고향이라고
그 누가 말했던가 말을 했던가
바보처럼 바보처럼
아니야 아니야 그것은 거짓말
임 생각 고향 생각 달래려고 하는 말이야
아~ 타향은 싫어 고향이 좋아

다소 여성스럽게 생기고 말도 그렇게 했던 김상진이 불러 고향을 등진 사람들에게 폭발적인 인기를 모았던 노래다. 〈이정표 없는 거리〉, 〈너와 나의 행복〉 등이 그의 노래다.

그러고 보니 고향에 관한 사연을 담은 노래들도 꽤 많다.

〈타향살이〉(고복수), 〈고향만리〉(현인), 〈고향설〉(백년설), 〈고향초〉(장세정), 〈귀국선〉(손석봉), 〈꿈에 본 내 고향〉(한정무), 〈망향초 사랑〉(백난아), 〈고향에 찾아와도〉(최갑석), 〈내 고향으로 마차는 간다〉(명국환), 〈향수〉(박재홍), 〈고향 하늘은 멀어도〉(금호동), 〈고향무정〉(오기택), 〈고향산천〉(최정자), 〈고향편지〉(김상희), 〈너와 나의 고향〉(나훈아), 〈고향역〉(나훈아), 〈고향의 강〉(남상규), 〈고향처녀〉(진송남), 〈꿈속의 고향〉(나훈아), 〈내 고향 충청도〉(나훈아), 〈망향〉(배성), 〈머나먼 고향〉(나훈아), 〈청포도 고향〉(박건), 〈제2의 고향〉(윤수일), 〈향수〉(이동원·박인수), 〈고향이 남쪽이랬지〉(송대관), 〈향수(그때가 그리워)〉(여행스케치) 등이 고향을 노래한 노래다.

위 노래들을 보면 역시 고향에 관한 노래는 1970년대 이전에 많이 나왔다. 1980년대 이후는 가뭄에 콩 나듯이 몇 곡 되지 않는다. 전국이 반나절 생활권이 된 이즈음 고향이 예전과 같은 의미로 다가올 수는 없는 노릇이다. 거기다 젊은 음악인들이 고향에 별 관심을 보이지 않고 있으니 좋은 노래가 나올 리 없다. 하긴 젊은 댄스가수들이 길길이 뛰면서 고향을 노래하는 것도 좀 그렇다.

【註】
1) 槐柳(괴유): 홰나무와 버드나무.
2) 蕭疏(소소): 나뭇잎이 성기고 쓸쓸함. 또는 온통 뒤섞여 맑은 풍치가 있는 모양.
3) 繞郡城(요군성): 군성을 두르다. 감싸다. 郡城은 郡에 있는 城, 郡을 방어하기 위해 쌓은 城을 말한다.
4) 夜添山雨(야첨산우): 밤이 되자 산에 비가 내리다.
5) 作江聲(작강성): 강물 소리를 더 크게 하다.
6) 南陌(남맥): 남쪽으로 난 길. 南路. 동서로 난 길을 '陌', 남북으로 난 길을 '阡'이라 한다.

寄王琳
庾信(北朝 西魏)

玉關道路遠
金陵信使疏
獨下千行淚
開君萬里書

왕림에게 부쳐
유신(북조 서위)

옥문관으로 이르는 길 멀고도 험해
금릉 소식 전해 줄 사신 발길이 뜸하네
홀로 하염없는 눈물 흘리며
님께서 보내 주신 귀중한 편지 열어 보네

흐린 가을 하늘에 편지를 써

비가 내리면 음—

나를 둘러싼 시간의 숨결이 떨쳐질까

비가 내리면 음—

내가 간직하는 서글픈 상념이 떨쳐질까

난 책을 접어 놓으며 창문을 열어

흐린 가을 하늘에 편지를 써

잊혀져 간 꿈들을 다시 만나고파

흐린 가을 하늘에 편지를 써

바람이 불면 음—

나를 유혹하는 안일한 만족이 떨쳐질까

바람이 불면 음—

내가 알고 있는 허위의 길들이 잊혀질까

난 책을 접어 놓으며 창문을 열어

흐린 가을 하늘에 편지를 써

잊혀져 간 꿈들을 다시 만나고파

흐린 가을 하늘에 편지를 써

　　노래는 전혀 동물원 같지 않게 서정적이고, 음유적이고, 조용히 부르는 그룹 동물원이 부른 노래다. 동물원 하면 으레 김광석이 생각난다. 아직도 그의 죽음을 놓고 의문시하는 사람들이 많지만 죽은 사람은 말이 없다. 저승에서 그가 편지를 쓰긴 전에는…….

　요즘은 일 년에 한 번 정도도 편지 쓰기 힘든데 전에는 편지를 많이도 썼다. 고등학교·대학교 때는 연애편지를, 군대 가서는 부모님을 비롯해서 친구들한테 숱한 편지를 썼다. 제일 많이 쓴 것은 고1 땐가로 기억하는데 밤을 꼬박 새워 가며 시험지 노트로 열여섯 장을 빼곡이 썼다. 원고지로 환산하면 100장이 넘는 분량인데 뭘 그렇게 장문으로 써보냈는지 잘은 기억이 나질 않는데 친구가 좋아하는 여학생한테 설득조로 보낸 것 같다. 중이 제 머리 못 깎는다고 남의 처지 생각할 때가 아니었는데 아마 그 나이 특유의 의리가 발동하지 않았나 싶다.

군대 있을 때는 틈나는 대로 많이 써 보냈다. 군대에서 제일 부러운 것이 편지 많이 받는 것이라서, 또 많이 받으려면 당연히 많이 보내야 하니까 그랬던 것 같다. 또 글 깨나 쓴다고 찍혀서 고참들 편지도 많이 대필해 주었는데 답장이 오면 PX에 가서 과자 얻어먹고, 안 오면 잔소리에 기합까지 받았다. 그래도 늘 즐거운 마음으로 보냈다.

삭막한 시대에 내 마음도 덩달아 삭막해지는 것만 같아 안타깝다. 설레는 마음으로 편지를 쓰고, 답장을 기다리는 마음에 정성껏 우체통에 집어넣던 그 시절로 돌아가고 싶다.

【註】
1) 王琳(왕림): 사람 이름.
2) 玉關(옥관): 玉門關. 甘肅省 敦煌縣 서쪽 150리 쯤에 있는 관문. 西域産 옥이 이곳을 통해 들어오는 데서 붙은 이름. 당대에 옥문관의 서쪽에 돌궐족이 창궐하고 있었다.
3) 金陵信(금릉신): 금릉에서 온 편지. 금릉 소식. 금릉은 지금의 南京.
4) 疏(소): 성기다, 드물다.
5) 萬里書(만리서): 멀리서 온 편지, 고향에서 온 편지.

人日思歸
薛道衡(隋)

入春在七日
離家已二年
人歸落雁後
思發在花前

정월 초이렛날에 귀향을 그리며
설도형(수)

봄 맞은 지 이제 막 이레
집 떠나온 지 어언 두 해
기러기 내려앉은 뒤 돌아가려니
꽃앞에만 서면 고향 생각 나네

꽃반지 끼고

생각난다 그 오솔길

그대가 만들어 준 꽃반지 끼고

다정히 손잡고 거닐던 오솔길이

이제는 가 버린 아름다운 추억 뚜르르르~~

생각난다 그 바닷가

그대와 둘이서 쌓던 모래성

파도가 밀리던 그 바닷가도

이제는 가 버린 아름다운 추억 뚜르르르~~

생각난다 이 꽃반지

슬픈 밤이면 품에 안고서

눈물을 흘리네 그대가 보고 싶어

그대는 머나먼 밤하늘에 저 별 뚜르르르~~

라나에로스포 출신 가수 은희가 불러 1970년대 중고등학생, 대학생, 젊은 직장인들을 사로잡았던 그 유명한 노래다. 당시 젊은이 치고 기타 반주로 이 노래 한 번 불러 보지 않은 사람은 없을 것이다. 1960년대에는 봉봉 사중창단이 부른 〈꽃집 아가씨〉가 유명했는데 '꽃집의 아가씨는 이뻐요, 그녀만 만나면은 이 가슴 설레요' 대충 이런 가사였다.

그 궁핍하던 시절 먹을 것도 없는데 누구나 꽃 살 형편은 아니었다. 하지만 여자들은, 특히 젊은 여자들은 누구나 꽃 한 송이 받고 싶었을 것이다. 남자들은 남자들대로 사랑하는 여자한테 꽃 한 송이 주고 싶었을 것이다. 그래서 〈꽃마차〉도 좋아하고 〈꽃 중의 꽃〉도 좋아하고 〈해당화 사랑〉도 좋아하고 〈꽃타령〉도 좋아했을 것이다.

사정은 그런 부모님 세대를 거쳐 선배들이나 우리나 똑같았다. 비록 꽃은 사주지 못하더라도 꽃반지 정도는 만들어 줄 수 있다는 심정에서, 또 여자친구가 없는 남학생은 꽃반지 끼워 줄 여학생을 그리는 마음에서 이 노래를 읊조렸을 것이다.

여자들은 누구나 똑같다. 처녀 시절에는 그렇게 받고 싶어하던 꽃도 막상 남편이 연중행사로 꽃을 사들고 들어가면 쓸데없는 데 돈 썼다고 난리다. 사노라면 다 그렇게 되는 법이다.

【註】
1) 人日(인일): 정월 사람날. 정월 1일은 닭날, 2일은 개날, 3일은 염소날, 4일은 돼지날, 5일은 소날, 6일은 말날, 7일은 사람날이라 한다. 사람날이 7일째가 되는 연유는 위의 여섯 동물을 사람이 관장하는 데서 비롯된 것이다. 인일에는 노동을 하지 않고 형벌도 가하지 않는 날이다. 이날 매화나 잣잎으로 술을 빚어 손님을 맞이했다.
2) 離家(이가): 집을 떠나다, 객지 생활을 하다.
3) 思發在花前(사발재화전): 꽃앞에 서면 생각이 모락모락 떠오르다, 꽃만 보면 만 가지 생각이 다 나다.

京師得家書
袁凱(明)

江水三千里
家書十五行
行行無別語
只道早還鄉

고향에서 온 편지
원개(명)

흐르는 저 강물 집까지 삼천 리나 뻗쳐 있는데
집에서 온 편지는 겨우 열다섯 줄
줄줄이 별다른 얘기 없고
오로지 고향으로 빨리 돌아오라는 말뿐

내 마음의 보석상자

난 알고 있는데 우리는

사랑하고 있다는 것을

우린 알고 있었지 서로를

가슴 깊이 사랑한다는 것을

햇빛에 타는 향기는 그리 오래 가지 않기에

더 높게 빛나는 꿈을 사랑했었지

가고 싶어도 갈 수 없고

보고 싶어도 볼 수 없는 영혼 속에서

가고 싶어도 갈 수 없고

보고 싶어도 볼 수 없는 영혼 속에서

우리의 사랑은 이렇게

아무도 모르고 있는 것 같아

잊어야만 하는 그 순간까지

널 사랑하고 싶어

대한민국에서 가장 아름답고, 감미롭고, 서정적인 가사와 곡으로 이름난 듀엣 해바라기의 노래다. 남자들이 이런 노래를 만들어서 사랑하는 여자의 집 창문 앞에서 불러 준다면 열에 아홉 이상은 사랑에 성공할 것이다. 중세시대 이후 남자들이 그렇게 불렀던 노래가 바로 Serenade다. 노래는 짧을수록 좋다. 아무리 좋은 가사에 멜로디가 감미로워도 길면 젬병이다. 짧아야 감정 전달이 잘 되고 의사 소통이 쉽다. '사랑해요' 한마디면 다 통하는 것이 연애시요, 사랑가가 아닌가.

이 시에는 바로 한시의 압축미와 간결미가 다 들어 있다. 3천 리,

15행, 무별어, 조환향. 이 얼마나 간단한가. 구구절절이 길게 쓴 편지보다 열다섯 줄이면 족하고, 그 짧은 사연에도 별다른 얘기 없이 빨리 돌아오라는 얘기면 보고 싶고, 그립고, 절절한 심정이 다 담긴다. 한 술 더 뜨면 열다섯 줄도 길다. '여보, 보고 싶어요, 어서 돌아오세요.' 이 한 줄이면 족하다.

애절한 심정을 단 몇 줄에 담고, 그렇게 '가고 싶어도 갈 수 없고 보고 싶어도 볼 수 없지만 널 사랑한다'는 사연을 읽어낼 줄 아는 선인들의 지혜가, 한시의 간결함이 담겨 있는 게 바로 이 시다.

【註】
1) 京師(경사): 서울. 이 詩에서는 金陵(지금의 南京)을 가리킴.
2) 家書(가서): 집에서 온 편지.
3) 三千里(삼천리): 강물의 길이가 삼천 리라는 의미보다 작자가 있는 곳에서 고향까지를 삼천 리로 봐야 한다. 그만큼 멀다는 의미.
4) 十五行(십오행): 편지가 그만큼 짧다는 뜻.
5) 別語(별어): 별다른 말이나 내용.
6) 只(지): 오로지, 오직.
7) 道(도): 말하다, 이르다.
8) 早還鄕(조환향): 빨리 고향으로 돌아오라는 뜻.

> 秋夜雨中吟
> 崔致遠(新羅)
>
> 秋風惟苦吟
> 世路少知音
> 窓外三更雨
> 燈前萬里心
>
> **비 내리는 가을 밤에**
> 최치원(신라)
>
> 가을 바람 속에 애써 시를 읊조려 보지만
> 세상에 알아주는 사람 없네
> 창밖에는 깊은 밤비가 내리는데
> 등불 앞에서 멀리 고향을 향하는 마음

가뜩이나 마음이 심난하고 울적한데 가을비까지 추적추적 내리면 견디기 힘들다. 고향이나 집에서 멀리 떨어져 있고, 내 마음을 알아줄 사람도 없는데 황량하고 스산한 비마저 내리면 어쩔 것인가. 가슴을 쥐어 뜯을 수도 없고, 어린애마냥 울 수도 없는 노릇이다. 이럴 때 남자들은 막막해 한다.

늦가을 교정에서 그랬다. 지긋지긋한 기말고사도 끝나고 얼마 남지 않은 수업을 듣고, 어둠이 내릴 때까지 캠퍼스 잔디에서 어렵사리 시간을 죽이는데 비가 내리면 하릴없이 주점으로 몰려들 갔다. 가을비에 한없이 시름에 잠길 때는 그저 술이 약이었다.

군대에서도 그랬다. 차라리 훈련을 받느라 정신이 없거나 기합이라도 받는 날이면 까짓 내리는 비 정도야 그럭저럭 넘길 텐데 중고참이 되거나, 내무반에서 한가하게 보낼 때 그놈의 비가 내리면 가슴이 터지는 것만 같았다. 그러다가 밤에 몰래 부대 안 후미진 곳에서 동기들과 술을 먹다가 걸려서 혼난 적도 있었다.

제대하고 나서도 그랬다. 하필이면 늦여름에 제대를 해서 복학을 하는 동안 혼자 가을을 보내야 했다. 그리고 그리던 집에 돌아왔는데도 가을비에는, 더구나 혼자 석촌호수 일대를 헤매고 다니는 데는 별 약이 없었다. 그저 세월이 약이었다.

하지만 이 모든 것은 '등전만리심(燈前萬里心)'에는 비할 바가 아니었다. 당(唐)나라에 유학 가서 머나먼 고국 신라(新羅)를 그리고, 고향과 부모형제를 생각하는 최치원에 비하면 우리 젊은 시절의 방황과 쓸쓸함은 아무 것도 아니었다. 한시(漢詩)를 읽으며 새롭게, 그리고 절실하게 느끼는 것은, 이 시대를 사는 우리는 너무 엄살이 심한 것이 아닌가, 진정으로 절절한 아픔을 겪어 보지 못한 것이 아닌가, 너무 편하게 지내는 것이 아닌가 하는 자책과 자성이었다.

한번 집 떠나면 언제 다시 돌아올 줄 모르고, 더구나 살아 생전에 다시 볼 기약조차 없이 떠난 사람들이 그 얼마나 많았던가. 거기에 비하면 마음만 먹으면 편지, 이 메일, 전화가 가능한 세상에 사는 우리는 얼마나 행복한가.

내가 남을 알아주지 않으면 남도 나를 알아주지 않는다. 이제는 가을이나 가을비를 탈 걱정은 없으니까 내가 먼저 남을 알아주는 데 인색하지 말아야겠다. '인부지이불온(人不知而不慍), 불역군자호(不亦君子乎)'…….

【註】
1) 吟(음): 시나 노래를 읊다.
2) 苦吟(고음): 애써 시가를 읊다.
3) 世路(세로): 세상에서는, 세상 사람들은.
4) 少知音(소지음): 알아주는 사람이 없다, 드물다. '知音'에 대해서는 다음과 같은 일화가 있다. 楚나라 사람 鍾子期는 음률에 능통하여 매번 兪伯牙가 거문고를 타는 데 있어 그 악곡 속에 흐르는 高山·流水와 같은 志趣를 알아내곤 하여 두 사람은 서로 '知音之交'를 맺었다. 해서 나중에 종자기가 죽은 뒤에는 백아도 그의 음악을 알아줄 사람이 없다 하여 다시는 거문고를 연주하지 않았다 한다.
5) 三更(삼경): 밤 12시를 전후로 한 시간.
6) 萬里心(만리심): 아득하게 먼 곳으로 향하는 마음. 만리는 멀다는 뜻.

寄家書
李安訥(朝鮮)

欲作家書說苦辛
恐敎愁殺白頭親
陰山積雪深千丈
却報今冬暖似春

고향에 부치는 편지
이안눌(조선)

집으로 부치는 편지에 괴로움 말하려 해도
머리 다 세신 어버이 근심하실까 염려되어
그늘진 산 쌓인 눈이 엄청난데도
금년 겨울은 봄처럼 따뜻하다 전하네

어머님

어머님 오늘 하루를 어떻게 지내셨어요

백 날을 하루같이 이 못난 자식 위해

손발이 금이 가고 잔주름이 굵어지신 어머님

몸만은 떠나 있어도 어머님을 잊으오리까

오래오래 사세요 편히 한번 모시리다

어머님 어젯밤 꿈에 너무나 늙으셨어요

그 정성 눈물 속에 세월이 흘렀건만

웃음을 모르시고 검은 머리 희어지신 어머님

몸만은 떠나 있어도 잊으리까 잊으오리까

오래오래 사세요 편히 한번 모시리다

우리 가요계에 나훈아와 더불어 본격적인 오빠부대를 몰고 온 영원한 오빠 가수 남진이 부른 노래다.

어렸을 적 밥상에서 자주 있었던 일이다. 우리 집은 아들 삼 형제라 부모님과 다섯이 밥을 먹었다. 그 당시야 밥상에 밥과 김치만 올라도 다행이었던 시절이라 반찬 투정은 언감생심이었다. 그런 형편인데 가끔씩 꽁치 한두 토막이 상에 올라오는 날이면 어색한 분위기가 연출되곤 했다. 어머니는 원래 비린 것을 안 드시니까 예외였는데 그 꽁치를 두고 서로 눈치만 보는 것이었다. 아버지는 자식들 생각에 손이 못 가고, 형과 나는 감히 어른도 손을 안 대시는데 우리가 어찌 하는 생각에 김치와 다른 반찬에만 젓가락을 댔는데 문제는 막내였다. 녀석은 눈치 없이 그 귀한 꽁치에 젓가락을 댔다. 어머니와 형과 나는 밥상 앞에서 뭐라고 할 수도 없고 해서 헛기침만 하고 있는데 아버지께서 꽁치가 담긴 접시를 우리들 앞으로 쓱 미시면서 '난 어제 밖에서 먹었더니 생선만 봐도 생목이 오른다. 너희들이나 먹어라' 하시는 거였다. 당연히 막내는 신이 나서 젓가락을 댔고, 형과 나는 마지못해 한두 번 젓가락을 대고는 서둘러 밥을 먹고 자리에서 일어났다.

「기가서(寄家書)」이 시를 보고, 〈어머님〉이 노래를 들으면 어렸을 적 밥상머리가 떠오른다. 자식들을 위해서 자신을 희생하신 부모님 생각이 난다. 자식을 키워 보니 이제야 깨닫게 된다. 죄송한 일이다.

【註】
1) 欲作(욕작): ~을 지으려 하다, 만들려 하다.
2) 家書(가서): 집에 보내는 편지, 가족들한테 부치는 편지.
3) 說(설): 말하다, 얘기하다.
4) 苦辛(고신): 괴로움, 쓰라림.
5) 恐敎(공교): ~할까 두렵다, ~시킬까 두렵다. '恐'은 '使'와 같다.
6) 愁殺(수살): 근심하게 하다, 아프게 하다.
7) 白頭親(백두친): 흰머리의 어버이, 어버이의 흰머리.
8) 陰山(음산): 그늘 진 산, 응달 진 산.
9) 深千丈(심천장): 깊이가 천 장. 1丈은 10尺(=3.03m).
10) 却報(각보): 달리 알리다, 화제를 돌려 말하다. 却說.

甲山
許篈(朝鮮)

春來三見洛陽書
聞說慈親久倚閭
白髮滿頭斜景短
逢人不敢問何如

갑산에서 어머니를 그리며
허봉(조선)

봄 들어 세 번째로 서울 편지 받아 보니
어머님은 늘 문에 기대어 자식을 기다리신다네
짧은 석양빛 아래 흰머리만 가득하실 것을
어머님 어떠신가 감히 묻지 못했네

어머니

어머니는

눈물로

진주를 만드신다.

그 동그란 광택의 씨를

아들들의 가슴에

심어 주신다.

씨앗은

아들들의 가슴속에서

벅찬 사랑

젖어드는 그리움

때로는 저린 아픔으로 자라나

드디어 눈이 부신

진주가 된다.

태양이 된다.

검은 손이여

암흑이 광명을 몰아내듯이

눈부신 태양을

빛을 잃은 진주로

진주를 다시 쓰린 눈물로

눈물을 아예 맹물로 만들려는

검은 손이여 사라져라.

어머니는

오늘도

어둠 속에서

조용히

눈물로

진주를 만드신다.

정한모 시인의 애잔한 시다. 눈물로 진주를 만드시는 우리 어머니들을 생각하면 모두들 옷깃을 여며야 한다. 아무리 내리사랑이라고 해도 우리가 자식들한테 보이는 관심의 몇 분의 일이라도 부모님한테 보인다면 세상에는 효자, 효녀가 넘쳐날 것이다.

몇 년 전에 뽀빠이 이상용이 구수하게 사회를 본 『우정의 무대』를 다들 기억할 것이다. 월요일 저녁이면 TV 앞에 몰려 앉아 그 프로그램을 열심히들 봤다. 특히 '그리운 어머니' 코너 시작할 때 '엄마가 보고프면 엄마 사진 꺼내 놓고, 엄마 사진 쳐다보면 눈물이 납니다. 어머니, 내 어머니, 보고 싶은 내 어머니~' 하는 노래가 나가면 다들 눈물을 훔치곤 했다.

군에 있을 때같이 어머니께 편지하고, 애타게 그리는 마음으로 살면 얼마나 좋을까.

【註】
1) 春來(춘래): 봄 들어, 봄이 온 이래.
2) 三見(삼견): 세 번째로 보다. 세 번 보다.
3) 洛陽(낙양): 한양, 서울. 고대 중국 왕조의 수도 중에 洛陽과 長安이 제일 빈번했다.
4) 聞說(문설): 들리는 말로는, 들기로는. 이 詩에서는 편지를 가져온 사람한테 들을 수도 있고, 편지에 적힌 사연으로 알 수도 있다.
5) 慈親(자친): 어머니. 慈母. 慈堂(자당: 상대방을 대접하여 그의 어머니를 이르는 말).
6) 久(구): 내내, 오랫동안. 귀양 간 아들을 기다리는 어머니의 애틋한 정이 묻어 있다.
7) 倚閭(의려): 문에 기댐. 閭門. 倚門之望(의문지망: 문에 기대어 기다림. '아들이 돌아오기를 기다리는 어머니의 정'을 이름).
8) 白髮滿頭(백발만두): 흰머리가 머리에 가득함. 변방으로 귀양 가 고생하는 자식 걱정에 더욱 세셨을 것을……
9) 斜景(사경): 기울어진 볕, 곧 저녁빛. 석양에서 비쳐지는 빛은 비스듬하게 내리쬔다.
10) 逢人(봉인): 만난 사람, 이 詩에서는 어머니의 편지를 가져온 사람을 뜻한다.
11) 不敢(불감): 감히 ~하지 못하다. 늙으신 어머니를 제대로 모시지 못하는 불효자가 어찌 물을 수 있겠는가. 하물며 먼 변방으로 귀양 와 있는 주제에……
12) 問如何(문여하): 근황이 어떠신지, 사정이 어떠신지.